企业数字责任

数字时代的企业社会责任管理与企业可持续发展

[德] 萨斯基亚 · 德尔(Saskia Dörr) 著
肖红军 阳 镇 姜倍宁 译

Corporate Digital Responsibility
Managing Corporate Responsibility and Sustainability in the Digital Age

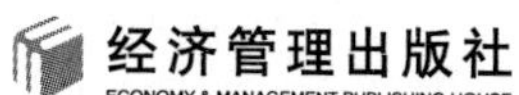
经济管理出版社
ECONOMY & MANAGEMENT PUBLISHING HOUSE

北京市版权局著作权合同登记：图字：01-2022-6940 号

First published in English under the title

Corporate Digital Responsibility: Managing Corporate Responsibility and Sustainability in the Digital Age by Saskia Dörr

图书在版编目（CIP）数据

企业数字责任：数字时代的企业社会责任管理与企业可持续发展/（德）萨斯基亚·德尔著；肖红军，阳镇，姜倍宁译．—北京：经济管理出版社，2022.11

ISBN 978-7-5096-8818-2

Ⅰ.①企… Ⅱ.①萨… ②肖… ③阳… ④姜… Ⅲ.①企业责任—社会责任—研究 Ⅳ.①F272-05

中国版本图书馆 CIP 数据核字(2022)第 210971 号

组稿编辑：申桂萍

责任编辑：申桂萍 杜羽茜

责任印制：黄章平

责任校对：陈 颖

出版发行：经济管理出版社

（北京市海淀区北蜂窝 8 号中雅大厦 A 座 11 层 100038）

网 址：www. E-mp. com. cn

电 话：(010) 51915602

印 刷：唐山昊达印刷有限公司

经 销：新华书店

开 本：720mm×1000mm/16

印 张：10.5

字 数：195 千字

版 次：2023 年 6 月第 1 版 2023 年 6 月第 1 次印刷

书 号：ISBN 978-7-5096-8818-2

定 价：78.00 元

联系地址：北京市海淀区北蜂窝 8 号中雅大厦 11 层

电话：(010) 68022974 邮编：100038

序言一

自工业化开始以来，关于公司应该承担责任和必须承担责任的观点发生了根本性变化：从公司所有者和投资者的净利润最大化观点到改善员工工作条件等观点有明显进步与超越，但仍有发展空间。

我成长于莱茵河畔。和我一样记得20世纪70年代河流污水情况的人，都应该意识到环保的重要性和必要性。通过政治和企业决策，我们已经在更好地保护环境免受废气、污染和有害废水的影响方面取得了一些进展。接下来应尽可能多地在企业经营生产过程中关注可持续性，从长远来看，因为地球自然资源仍然紧缺，我们需要依靠再生原则、全球范围内自然资源的公平和世代使用，以及商业与环境的整合来解决困境。

目前，可持续的企业管理基于三维模型（经济、社会发展和环境保护）。数字化影响到几乎所有领域，公司面临着一个新的第四维度，即数字伦理问题。

当然，数字化有助于更高效地使用原材料、优化供应链和节约能源，有助于实现可持续的现代经济，但未来数字化将带来更多问题。对不断新增的数据进行收集与分析有助于开辟新产品和新市场，与此同时也可能会给用户隐私带来巨大风险，而且可能会通过算法决策歧视用户。此类行为将导致企业丧失用户信任，从而成为企业的主要商业风险。

此外，不幸的是，人们已经对人工智能（AI）和算法的使用产生了深深的不信任与危机感：人类是否能够控制日益复杂的人工智能和算法，这应该被认真对待。

因此，德国数据保护大会在其《哈姆巴赫宣言》中呼吁人工智能“不要将人变成物体”，且“透明、可理解、可解释”。人工智能的使用需要明确的责任和技术支持以及组织标准。在未来几年中，这将是产业界，当然也是科学界和政治界的一项重要任务。本书就如何识别和应对这一具有挑战性的企业数字责任（CDR）提供了实用、快速实施的分析方法、帮助和示例。

本书分六章阐释了数字化的特征、将数字化与可持续性问题相结合的原因及可能犯的错误等，并以某家公司为例介绍了具体的实施方法、实际挑战以及预期效果。总体而言，本书为处于数字时代的企业提供了一种实用的方法，以识别和实施健全、负责任和合乎道德的公司治理的核心价值观。我相信，这将对负责CDR的人提供有益的指导。

联邦数据保护与信息自由专员

乌尔里希·凯尔伯

2021年2月于德国波恩

序言二

承担责任是人之常情

一个人想知道自己的计算机在未来将如何智能化发展，所以他问它："你期望像人类一样思考吗?"计算机在分析其软硬件以及运行预先设定的程序后发布的结论是："这让我想起了一个故事……"（Müller Friemauth and Kühn 2016，第1页）

故事这一载体将人物和事件置于有意义的语境中，故事塑造冲突及复杂关系，并创造可能性。例如，故事中的人物成为英雄后获得新的见解，并丰富自己的世界观。传统意义上，讲故事、理解故事、解释故事含义的能力是人的能力，而如今，计算机可以通过算法处理揭示相关性、识别模式、计算概率和进行预测，拥有这些能力后，数字化设备有了更惊人的可能性，包括讲述激动人心的新故事等。

此外，任何关于工业 4.0、大数据、神经网络、机器人或自控无人机的故事都是由人类讲述的，即使人类赋予了这些事物如思考、学习或感觉的能力，人类也仍然对叙事的结果、生动性及其对他人的影响负责。因此，数字数据处理与有意义的生态和社会目标相结合，提供了一系列前所未有的可能性。人们需要了解如何利用数字技术确保人类的长期生活质量，并帮助尽可能多的人在未来过上自主的生活。

可持续发展管理学教授

Holger Petersen

2021 年 3 月于德国埃尔姆斯霍恩

序言三

企业数字责任：我们如何应对“怪浪”

在公海上，当两波海浪的振幅重叠并结合时，会短暂出现“最强潮流”，即使是远洋货船也会被这种“怪浪”及其不可预测的能量释放影响，进而偏离航线。与此类似，数字化和可持续性像是两波浪潮，企业与经济是风浪中的船只。数字化和可持续性都传递着一个强烈的信息，即事情不会像以前那样继续下去：数字化凭借其工具、速度和流程自动化，正在颠覆现有的商业模式、管理流程和产品，甚至将其彻底颠覆。

此外，可持续性更像是一个清楚地传达出信息的安静的信号：剥削性经济不能继续这样下去。人们越来越清楚地意识到，剥削性经济过度消耗资源并对生物圈造成影响。这两个问题结合后带来的破坏性越来越明显，潜在影响也超出人们的想象。

到目前为止，我们找到的答案都体现在企业社会责任（CSR）或工业 4.0 的概念中。企业社会责任旨在解决企业面临的社会和环境挑战。由于环境法规和企业社会责任内容的报告要求在法律上是强制性的（Cominetti and Seele，2016），最初的自愿承诺正日益成为公司的合规活动。企业社会责任也深受消费者和立法者的欢迎，因此很多企业“披上了绿色外衣”（Seele and Gatti，2017）。另外，工业 4.0 是（另一场）工业革命的总称，是数字技术及其通过数据化、监控、预测和自动化带来的颠覆性潜力（Seele，2017）。数字化正在颠覆商业模式，尤其是取代重复性工作并监控流程。

在隐喻层面上，这两股变革的潮流作为统一体共同创造了“最强浪潮”，推动产生全新的社会与经济，也将挑战现有秩序与权利分配。当可持续性要求限制自由时，我们能否继续保证市场自由（Seele，2016）？如果我们能够衡量万物并评分，那么人们和企业的“分数”不也必须为可持续性服务吗？如果可以进行无缝监控，还会有非法雇用童工和侵犯人权事件发生吗？数字时代人们和企业的隐私又将如何保证（Seele and Zapf，2017）？因此，企业不仅必须适应数字化和可持续发展，还必须将两者结合起来作为独立的第三主题。本书旨在阐释该过程，使其易于理解并可在工作中实施。

企业社会责任和商业道德教授

Peter Seele 博士

2021 年 4 月于瑞士卢加诺

前　言

2016年，第四次工业革命进入了德国经济的核心视野。同时，在几周内，全球每天有多达4500万人在玩 *Pokémon Go*。隐私监控 VS. 游戏乐趣。用户甚至没有机会了解该游戏泄露了哪些私人数据、为什么以及出于什么目的——如果想玩游戏，用户就无法保护隐私。与此同时，德国经济开始数字化。

同时，德国也在更新可持续发展战略。就像之前由190多个国家谈判达成的“可持续发展目标”（SDG）一样，它几乎不受数字化带来的全球经济和社会动荡的影响。数字化和可持续发展这两个“大趋势”似乎在平行世界中并存，没有重叠。我清楚地认识到，这两组将对未来产生决定性影响的问题必须从社会和企业管理的角度共同思考。

自我开始研究企业数字责任以来，负责任的企业管理在数字领域的相关性已经发生了根本性的变化。现在，许多国家都在讨论企业数字责任，如英国、瑞士、美国甚至韩国等。在德国，政界、公民社会、学术界、商业协会和企业已经形成了一个多元化、生动的参与者网络。管理界已开始讨论该话题，其中德国管理界对这一概念的讨论最为广泛。

然而，尽管行业和企业认为有必要采取行动，但对于数字化对负责任的公司治理意味着什么以及如何解决这一问题，还没有实际的概述。本书旨在解决这个问题。本书中，我描述了企业如何通过大数据、人工智能、机器人等寻找新的机遇，同时以对社会负责的方式在数字化进程中获得成功。我为商业领袖、企业责任管理者、数字道德专家、可持续发展顾问和所有利益相关方构建了 CDR，并提供了大量工作辅助工具使其可访问，同时以德国生态系统这一有价值的案例为例，提供了了解负责任的数字化并在创业过程中进行负责任的数字化的条件与机会。

20世纪90年代初以来，我一直对通过互联网建立全球网络着迷。多年来，我致力于互联网、数字技术的管理；在过去的十年里，我一直在从事可持续商业的相关实践。2012年，当我在吕讷堡大学完成关于电信业可持续发展管理的硕士论文时，还不曾预料到近在眼前的数字变革，而正是这一变革在我的专业领域内“注入”了商业和社会的核心。

对我来说，数字化最初带来了难以想象的新可能性，这些机会首先应该为人民服务。这不仅是一个技术问题（可行性问题），更是需要社会各阶层的共同努力而不仅仅是经济部门。我们的人性、团结和责任的价值观应该成为其发展的道德指南针，以及具体化的可持续发展目标。我相信，数字技术的发展是可持续的，对人民、社区和环境都有利。这不应被理解为一个限制性概念，而应被理解为创新的驱动力和创业路线的新潜力，这正是构思本书的背景。

本书从技术上将可持续发展管理与企业社会责任联系起来。关于数字影响的社会评估以及数字伦理的讨论十分必要，这将影响企业社会责任。此外，当今企业社会责任的研究成果和方法已经为应对企业管理中的挑战提供了合适的基础。

在一个新领域里作为先驱写一本书是有风险的。尽管如此，我还是决定这样做，因为这是我的心愿，我要为那些走上“阶梯”的人提供进一步发展的机会。我希望它能激励欧洲和世界各地的人们在他们的企业和生态系统中推进企业数字责任。愿企业数字责任成为全球行动，愿数字化成为一股向善的力量。

萨斯基亚·德尔博士

2021年5月于德国波恩

致 谢

首先，我要感谢施普林格公司的 Barbara Bethke，感谢她愉快的合作和友好的支持，使这本书得以出版。我非常感谢在写作这条“崎岖道路”上陪伴我的爱人，非常感谢 BOSSE UDN Meinhard 的 Michael Meinhard 为英语读者改编了精彩的插图。

我要特别感谢 NORDAKADEMIE Elmshorn 可持续发展管理主席霍尔格·彼得森教授，感谢他愿意“从我的肩膀上看科学”。他提前阅读了这本书并以自己的专业知识提出了极为宝贵的建议，我在这里表示衷心的感谢！我还要感谢意大利卢加诺大学企业社会责任和商业道德主任彼得·塞勒教授对本书的积极反馈。非常感谢你们两位为本书添加了精彩的序言，引出了主题。

我衷心感谢公司代表伊沃娜·克诺亚、特雷莎·哈勒·曼戈尔德博士、亚历山德拉·希拉斯基、辛迪·莱夫勒·克雷布斯、曼努埃拉·麦科特、托马斯·米克莱特、罗马帝国主义者伊莎贝尔·里克特、马库斯·斯坦豪斯、塞巴斯蒂安·索夫、安德烈亚斯·泰格和迈克尔·沃尔曼，他们中的大多数人自发地同意提供案例并回答我的问题。这种开放性也是企业责任的一部分。

如果没有国际社会对 CDR 主题日益增长的兴趣，这本书就不会有英文出版。感谢罗布·普利斯，他是 corporatedigitalresponsiity. net 的创始人和 Alchemmy 的总监。罗布支持本书的英文出版，且从 CDR 专家和母语者的角度阅读译文并给出反馈，这显示出罗布对该主题及其全球化推广的支持，我对此感激不尽。

如果没有国际社会对 CDR 主题日益增长的兴趣，本书的英文版就不会出版。感谢罗布·普利斯从 CDR 专家的角度阅读译文并给出反馈。

此外，感谢德国企业数字责任社区的所有参与者，感谢你们为推进本书成型所做的个人努力及为我提供的灵感。通过社交媒体相互了解，通过视频会议交流想法，以及在从未见过面的情况下形成生动的合作，对我来说仍是“数字奇迹”之一。

目　录

第 1 章　诀窍！数字时代的新型企业社会责任 …………………………………… 1

1.1　全球经济的转型风暴 ………………………………………………… 1

1.2　数字时代的新变化 ………………………………………………… 4

1.2.1　数字化现状 ………………………………………………… 5

1.2.2　数据和“产消者”作为新价值创造的源泉 ………………… 6

1.2.3　数字技术的发展和市场演化 ……………………………… 7

1.2.4　新的社会问题 ……………………………………………… 8

1.3　大数据、人工智能对企业意味着什么 …………………………… 9

1.3.1　数字化转型与数字经济 …………………………………… 9

1.3.2　数字化和数字技术 ……………………………………… 10

1.3.3　数据作为原材料：新的价值链 ………………………… 14

1.3.4　平台和平台经济 ………………………………………… 14

1.4　为什么监督企业社会责任 ……………………………………… 17

1.4.1　数字商业模式 …………………………………………… 17

1.4.2　工业 4.0 和工业物联网 ………………………………… 19

1.4.3　新工作 …………………………………………………… 19

1.4.4　关键消费者 ……………………………………………… 22

1.4.5　新的信任竞赛 …………………………………………… 22

1.4.6　数字经济中的责任缺失 ………………………………… 23

1.4.7　数字伦理 ………………………………………………… 24

1.4.8　数字社会的范畴 ………………………………………… 26

1.4.9　数字化时代的可持续性 ………………………………… 26

1.4.10　数字化带来的企业社会责任变化 ……………………… 28

1.5 企业社会责任如何演变为企业数字责任 …… 29
1.5.1 企业数字责任的定义 …… 30
1.5.2 企业数字责任的目标 …… 31
1.5.3 先决条件 …… 32
1.5.4 数字利益相关者生态系统 …… 33
1.5.5 “透明用户”作为新的利益相关者 …… 34
1.5.6 作为竞争优势的社会利益 …… 36
1.5.7 （数字）可持续性商业案例 …… 38
1.5.8 VUCA 世界的责任 …… 39
1.6 如何通过六个步骤实施企业数字责任 …… 40
1.6.1 企业数字责任作为实验空间 …… 42
1.6.2 企业数字责任适用于所有行业和部门 …… 43

第2章 注意！将数字化与可持续发展结合起来思考 …… 45

2.1 数字化如何造福于人类和社会 …… 45
2.1.1 上网更方便 …… 45
2.1.2 数字化塑造共同利益 …… 46
2.1.3 利用数字化促进可持续发展 …… 46
2.2 数字化的“副作用” …… 48
2.2.1 数字技能差距和“数字越位” …… 48
2.2.2 获得数字技术和利益的机会不平等 …… 50
2.2.3 没有共同利益 …… 51
2.2.4 集中而非共享 …… 52
2.2.5 “什么都不会出错……出错……出错” …… 53
2.2.6 数字不公正 …… 54
2.2.7 跟随机器的节拍 …… 55
2.2.8 操纵和监视 …… 57
2.2.9 滥用客户数据 …… 58
2.2.10 对社区和福祉的压力 …… 59
2.2.11 沮丧的“一切照旧” …… 61
2.2.12 是否能够相信技术能带来可持续发展的真正机会 …… 62

2.2.13 消费4.0 …… 63
2.2.14 循环经济：只是一个魔术 …… 64
2.2.15 更多的温室气体和电子垃圾 …… 66

第3章 聚焦！评估企业的数字责任 …… 69

3.1 如何考察企业的状况 …… 69
3.1.1 企业数字责任检查 …… 69
3.1.2 数字责任指南针 …… 72
3.2 存在哪些数字责任集群 …… 75
3.2.1 数字成熟度 …… 76
3.2.2 数字多样性 …… 76
3.2.3 重塑尊重 …… 77
3.2.4 开放共享 …… 77
3.2.5 驯服人工智能 …… 78
3.2.6 数字可持续性 …… 79
3.2.7 工作场所的转型 …… 80
3.2.8 数字世界中的个人保护 …… 81
3.2.9 数据授权 …… 82
3.2.10 人性化设计 …… 83
3.2.11 生态创业和社会影响 …… 84
3.2.12 可持续发展目标的技术部署 …… 84
3.2.13 道德营销 …… 85
3.2.14 零浪费 …… 86
3.2.15 数字技术的生态足迹 …… 86

第4章 就这么做！在公司实施企业数字责任 …… 88

4.1 从战略角度思考数字责任 …… 88
4.1.1 商业领袖应该问自己的14个问题 …… 88
4.1.2 识别企业数字责任的潜力 …… 89
4.2 如何构建企业社会责任 …… 93
4.2.1 在数字时代使用企业社会责任工具 …… 93

4.2.2 涉及新的利益相关者 …… 99
4.3 迈出“数字化”自我承诺的第一步 …… 101
4.3.1 从德国的角度看跨行业举措 …… 102
4.3.2 人力资源中与职能相关的自愿承诺 …… 103
4.3.3 人工智能技术相关指南 …… 103
4.3.4 数字消费者保护计划 …… 105
4.4 如何负责任地推动数字创新 …… 106
4.4.1 可持续性和数字责任的创新方法 …… 106
4.4.2 创业公司：也面向未来 …… 109
4.4.3 可持续商业模式与数字化 …… 110

第5章 注意差距！在实践中把握挑战 …… 113

5.1 预计会遇到哪些障碍 …… 113
5.1.1 当心：来自复杂性的挑战 …… 113
5.1.2 企业的实施障碍 …… 115
5.1.3 开拓新天地的小贴士 …… 118
5.2 向开拓者学习：来自德国的实例 …… 118
5.2.1 数字多样性：微软和弱势群体的编码技能 …… 118
5.2.2 驯服人工智能：德国电信和使用人工智能的自愿性自我承诺 …… 121
5.2.3 数字可持续性：德国铁路和移动性开放数据门户 …… 123
5.2.4 工作场所的转型：Testbirds 与《众包工作行为准则》…… 125
5.2.5 生态创业和社会影响：nebenan.de 和加强社区 …… 127
5.2.6 道德营销：Avocadostore 的“#NoBlackFriday” …… 129
5.2.7 数字技术的生态足迹：柯尼卡美能达和碳中和印刷 …… 131

第6章 争取影响力！显示有效性 …… 133

6.1 为什么需要影响力 …… 133
6.2 如何实现数字责任的影响 …… 134
6.2.1 企业数字责任的五个层面 …… 135
6.2.2 增加企业价值 …… 136

6.2.3 衡量数字责任 …………………………………………………… 137
6.2.4 迄今为止尚无标准的企业数字责任报告 ………………… 138
6.3 如何实现企业数字化转型的可持续性 ………………………… 139

参考文献 ………………………………………………………………… 141

第1章　诀窍！数字时代的新型企业社会责任

数据和数字技术正在以前所未有的程度改变着企业和经济。本书旨在将数字化作为企业社会责任的一个专业领域向企业社会责任专家和可持续发展管理者介绍。因此，本书首先介绍了数字化的一些基本技术发展，并阐释了它们对经济和企业的影响。其次，证明了为什么数字化需要改变企业社会责任，以及企业社会责任如何扩展到企业数字责任（CDR），进而定义企业数字责任，并将现有的企业社会责任或可持续性管理概念与之相关。最后，企业数字责任被证实为一个跨领域的主题，并概述了如何将企业数字责任作为企业社会责任创新分六步实施。这是本书进一步的内容。

1.1　全球经济的转型风暴

数字化和可持续性追求不同的愿景：对于第四次工业革命，尽管可能会出现乌托邦和反乌托邦的结果，但是人们依然对正面的经济影响抱有很高的期望。另外，可持续性被视为“21世纪的道德使命”，并得到了联合国、G20等机构以及“未来星期五”等民间社会组织的支持。

数字化和可持续性将对我们的生活方式产生变革性影响。

数字化和可持续性是来自两个不同方向的变革之风正在汇聚成全球经济中一场完美的变革风暴（Kiron and Unruh，2018）。

这两个领域都是对市场和组织产生影响的关键领域。随着市场和组织环境的变化，企业可以从关于可持续性和数字化的趋同观点中获益，这为声誉、消费者信任和创新创造了机会。因此，关心社会责任的企业家和领导者有必要更详细地研究两者的趋同性。本书旨在支持企业家与企业在数字世界的可持续创业行动中发挥积极作用。

数字化和可持续性是影响全球经济的关键因素，但它们并不冲突。一方面，数字化建立在似乎根本不可阻挡的技术发展之上；另一方面，可持续性是消费和再生产之间的理想平衡，为所有人提供高质量的生活。数字化可以促进或减少这种生产或者消费的可持续性，它本身也会带来更多的社会挑战。

· 数字化可以促进可持续性：数字工具可以减少生态足迹，或者可以跟踪可持续供应链中的原材料。部分观点认为，只有借助数字技术，联合国的可持续发展目标才能在 2030 年之前实现。例如，根据全球电子可持续发展倡议（Global e-Sustainability Initiative）的一项研究，非物质化——数字化的核心承诺——可以比“一切照旧”减少 20%的碳排放。人工智能可以用于气候保护和生物多样性。根据联合国研究报告《2030 愿景》的预测，通过节约成本和利用数字化促进可持续发展带来新收入，市场规模将达到 12 万亿美元。

· 数字化本身对公平、公正和环境友好的发展提出了挑战：毕竟，“比特和字节”也有物质基础。例如，智能手机被丢弃的速度越来越快，最终被送到欠发达地区，在没有任何防护措施的情况下进行处置。随着数字产品的消费越来越多，全世界电子垃圾的“垃圾山”现在已经达到 4300 万吨。尽管数字产品的能源效率越来越高，但其使用量的增加导致了能源消耗的增加。在欧洲，信息和通信技术占温室气体排放量的 4%，而航空业只占 3%。目前的趋势是实现“净零碳足迹”，即产品生命周期内的中性二氧化碳平衡，并努力实现“零废物”，如通过基于数字的“循环经济”最大限度地减少废物。

· 数字业务有其自身的“副作用”，并给社会和公司带来风险：数字化伴随着从个人用户收集大量数据。这带来了重要的商业优势，有助于公司开发下一代产品，并通过个性化开拓新市场。但是，这也产生了新的漏洞，如数字企业资产面临网络犯罪的风险，或者最小化用户隐私的数字商业模式的合法性。关于使用大数据、人工智能和其他新技术的道德限制的讨论正在进行。根据 ConPolicy Institute 的一项研究，大多数德国公民认为关于数字化后果的责任来自国家和政治家（83%）以及企业（88%）。然而，大多数人也认为，这一责任尚未得到充分履行。

管理咨询公司埃森哲（Accenture）和电信协会 Bitkom（Bitkom，2015）的多项研究表明，相关的不确定性正导致对企业的信任危机。客户对数据“黑客”

和滥用个人数据感到不安。企业需要主动的数据控制以获取利润，如通过在线广告对购买行为进行“个性化”操纵，通过“剖析”进行经济歧视，或利用人工智能在工作场所进行监控，以上行为都侵犯了消费者的权益。人们不信任人工智能和算法的使用（见图 1–1）。

图 1–1　数字化“副作用”导致的信任危机

资料来源：笔者整理。

未来将采取何种形式进行更严格的监管，目前尚不清楚。为了保持消费者和公众的信任，企业已经在以负责任和道德的数字化方式来适应不断变化的期望。例如，提高消费者对数据的控制权，增加数据交换的好处，通过开放“数据池”加强共同利益，或限制人工智能的使用或使其可验证。

随着数字化和可持续性的融合，企业社会责任正在演变为企业数字责任。企业数字责任一方面考虑数字的可持续性，另一方面考虑全球数字企业行为的社会、经济和生态影响。这涉及超出法律要求的自愿企业活动。企业数字责任可以确保公平，使数字转型有助于实现所有人的共同利益和可持续发展。

由于深度的数字转型涵盖所有行业，因此企业数字责任不仅仅涉及数字技术、IT或ICT行业：企业数字责任对所有拥有数字业务流程和商业模式的企业都非常重要。本书系统地展示了面向实践的方法和程序，阐明企业如何在“数字”可持续商业中建立竞争优势，利用“全球经济的变革风暴”建立企业竞争力，从而分别造福于企业、社会和环境。

1.2 数字时代的新变化

数年来，数字技术一直在改变欧洲和世界各地的商业格局。许多创新商业模式的基础是生成个人、特定的“实时”数据及其进一步的经济利用，如通过大数据分析或人工智能学习。预计技术发展将出现动态加速。

经济增长和生活条件进一步改善的机会是巨大的。此外，数字技术可能有助于解决全球社会面临的重大挑战，如在应对气候变化、改善教育、医疗和农业等方面。

今天，通过数字技术实现的经济转型已经越来越多地进入人们的现实生活。例如，3500万德国人在智能手机或个人电脑上使用虚拟语音助理，870万德国人在家使用“亚马逊回声”或“谷歌家庭”等数字助理，35%的男性倾向于购买自动驾驶汽车（Statista，2016，2017；Bundesverb and Wirtschaft，2019a）。数字化转型正在改变人们的工作和生活。

在“数字社会”中，数字技术以许多不同、复杂甚至矛盾的方式融入社会结构中。信息社会甚至可以被视为一个依赖于信息计算的社会，强调数字技术在社会中的作用。

向计算信息社会的转变可以被视为从前的数字时代向新的后数字世界的转变，在这个世界中，数字技术已经完全与日常生活和数字经济联系在一起，并构成其组成部分（Dufva and Dufva，2019；Berry，2015，2016）。“数字时代”指的是“数字社会”形成的阶段。

不同地区和市场的技术更新与应用数字技术的速度各不相同。例如，在德国，在实施这些数字技术方面存在明显的限制。许多研究表明，与美国或欧洲的斯堪的纳维亚国家相比，德国在数字转型方面并没有占据领先地位或起到先锋作用，而根据其经济实力和教育水平，这是可以预期的。这也反映在迄今为止公民和消费者对数字化的矛盾态度上。

然而，这种犹豫不决似乎是合理的：有时，数字技术应用会干扰民主社会价值观，且缺乏足够的保护性法律和法规。需要就平衡利益进行政治讨论，更广泛的社会讨论才刚刚开始。

现在的任务是了解数字技术提供的社会及个人机会并识别和消除风险。“在人类大脑和机器之间建立新的伙伴关系不是一个天真的乌托邦，而是一项理性的任务”（Meier，2017）。这不仅是政治和公民社会的任务，也是塑造社会未来利益相关者的企业和工业的任务。

1.2.1　数字化现状

几年前，第一批企业推出了“工业4.0”（该术语是在2011年汉诺威展览上提出的）的试点项目。这些企业进行了第一次“数字化准备检查”，并尝试了新的“数字化”商业模式。它们开始利用新技术带来的行业动荡为自己的企业谋利，并在全球市场上保持领先地位。然而，数字化其实并不新鲜，它始于60年前第一台计算机的开发。数字化的发展基于信息技术和电信的进步，以及近几十年来（移动）互联网的扩张（Chàlons and Dufft，2016）。但最近数字化的发展质量发生了变化。

数字化宣传的重点不是将模拟信息传输到数字媒体，而是将人们的生活和工作环境转移到线上。人们希望无时无刻“在线”，将自己视为数字社区各领域中的个体（Hamidian and Kraijo，2017）。

数字化趋势的最大驱动力是“硅谷”的持续发展，硅谷是美国加利福尼亚州帕洛阿尔托周边主要数字企业的总部：谷歌、苹果、脸书和亚马逊，也被称为“GAFA”。在这十年中，以平台经济为基础商业模式的科技企业几乎完全取代了传统产业集团在世界上最大、最有价值的企业中的最高地位（Schmidt，2018，见图1-2）。

在德国，数字化是德国联邦经济事务和能源部的政策重点。该部门公布了以下关于数字化情况的信息：

· 2017年，25%的商业企业已经高度数字化。

· 2017年，德国19%的商业企业使用大数据。

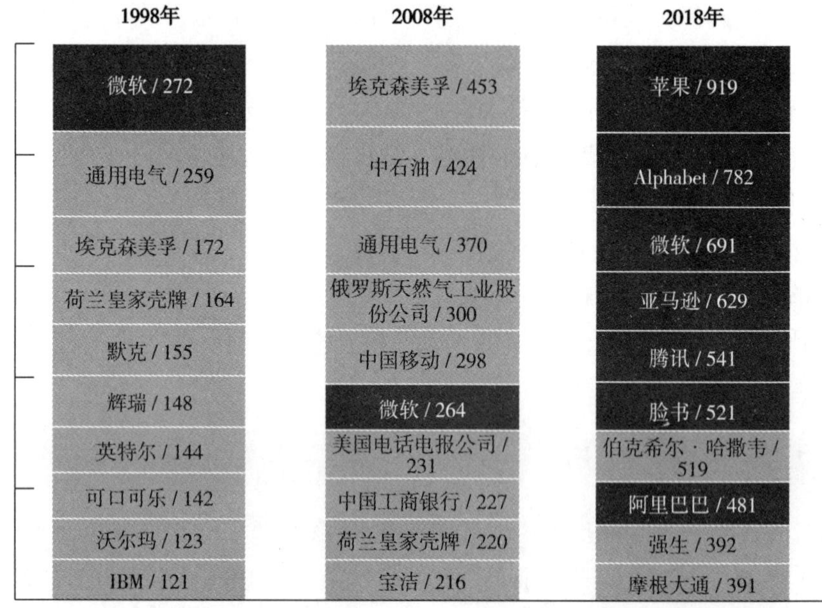

图 1-2　2018 年全球十大最具价值公司

资料来源：Schmidt（2018）。

· 2017 年，企业和个人向初创企业投资了 43 亿欧元。

然而从整个欧洲来看，德国在数字化进程中只处于中间地位。在对人力资本、互联网使用、数字技术集成和数字公共服务的评估中，德国在 28 个欧盟成员国中仅排名第 12 位（欧盟委员会，2020）。例如，爱沙尼亚政府已经实现了无纸化，在网上注册公司只需几分钟，公民卡同时也是驾照、图书卡、纳税卡和健康卡。在瑞典，80%的人已不再使用现金支付（Schmiester，2018、2019）。

从全球发展的国际视角来看，世界上一半以上的人口都在上网，这表明德国和欧洲国家并没有占据领先地位，尤其是在互联网使用方面（Hootsuite，2018；国际电信联盟，2018）。

1.2.2　数据和“产消者”作为新价值创造的源泉

目前的数字化是基于更快、更具成本效益的数据处理和存储（Hilbert，

2011；Hilbert and López，2011），可实时分析大量数据，并将结果报告给用户。“数据就是新的石油”，可以为企业创造新的价值来源。

数据的一个关键来源是用户自身。从来没有人能够系统深入地了解其他人内心深处的想法。而数字化的商业模式可以基于对人类行为的进一步提炼，从中得出更贴合人类实际需求的结论。作为商品和服务个性化的一部分，消费者通过披露越来越多的关于偏好或行为的信息来实现这一点，这成为数字化进一步发展的基础。消费者成为“产消者”（Prosumers），即产品的共同生产者，比以往任何时候都更多地参与价值创造（Hofer-Jendros，2016）。通过数字平台交换价值、数据和用户反馈，持续共同创造产品，构成了所谓的数字平台经济。

1.2.3　数字技术的发展和市场演化

数字化技术速度的变革是历史性的：计算机速度和数据存储的可能性呈指数级发展，即不断加速。2007 年，以模拟形式存储的数据量与以数字形式存储的数据量相同。此后，数字存储已经呈“爆炸式增长”（Hilbert，2011；Hilbert and López，2011）。

根据摩尔定律，微处理器的计算能力与其他数字技术（参见本书第 1.3.2 节）结合在一起，呈指数级加速，这给以前的技术带来了“革命性”的变化。

· 摩尔定律

摩尔定律描述了这样一个规律，即随着处理器变得越来越便宜和更小，计算能力大约每两年翻一番。目前，认为这种发展在未来会放缓（Waldrop，2016）。

接入互联网的全球用户数量也是历史性的，39 亿人（国际电信联盟，2018）以前所未有的互联性形成了所谓的网络节点，这就是网络效应或梅特卡夫定律发挥作用的地方。

· 梅特卡夫定律

梅特卡夫定律适用于计算机网络，该定律指出网络的价值随着用户数量呈指数增长，即一个有 10 个用户的网络的价值大约是一个有 2 个用户的网络的价值 100 倍，而不是 5 倍。

这两条“定律”相互加强，并决定了我们今天在数字转型中所经历的进程（Ungson and Wong，2008）。网络价值的一个指标是一个产品达到 5000 万用户所需的时间：电话用了 50 年，互联网用了 7 年，脸书用了 3 年，而 *Pokémon Go* 只花了 194 天（Desjardins，2018）。

数字化还导致生产和数字服务的加速融合。市场中的中介机构或经纪人将多边市场中的不同参与者群体联系起来，以及所谓的“按 X 付费”商业模式正变得越来越重要。与之前的市场逻辑相比，这些新商业模式的优势在于大幅降低了客户和供应商交换服务的成本。

这些数字平台与所有经济领域都相关。近年来最大的创新主要来自美国和中国的 B2C 市场，如 Uber 和 Airbnb。与此同时，全球四大平台运营商谷歌母公司（包括谷歌）、亚马逊、脸书和阿里巴巴的市值超过了德国股票指数（Deutscher Aktiennindex，DAX）中所有 30 家公司的总和（Engelhardt et al.，2017）。

德国的经济政策促进平台商业模式的发展，并重点关注 B2B 领域（工业 4.0）。企业面临的挑战是更新面向数字平台情境下的商业模式（Engelhardt et al.，2017）。尽管中小型企业（SME）已经认识到数字化带来的机遇，但它们在这种不确定的环境中犹豫不决，难以接受数字化转型和改变其商业模式（Bitkom，2018a）。

1.2.4 新的社会问题

发展演变的动态性意味着，一方面部分社会无法跟上发展的脚步，另一方面（必要的）法规滞后。国际平台运营商正在利用国家法规中的漏洞来获得经济优势。

消费者、公民和中小企业目前正在承担风险，如数据滥用和数字平台使用责任法规缺失，或正在感受经济重心的转移，例如线下零售业的衰落。

新的社会问题越来越明显。消费者和公民必须“接受”数字化带来的“副作用”，如黑客和数据窃取、未经消费者同意的大数据分析、缺乏数字消费者保护、担心失去对非人道人工智能的控制、担心监控和失去自由、员工和用户缺乏数字素养，对机器人、智能手机上瘾、虚假新闻等的厌恶。社会学家警告人们注意数字化产生的上述不良影响（Rosa，2017；Welzer，2018）。

而数字化正在加剧现有的全球问题：目前信息和电信业已经贡献了欧洲 4%的温室气体排放，而航空业仅贡献了 3%（欧盟委员会，2019）。全球约有 38 亿人仍然无法接入互联网，因此无法获得数字化带来的机遇（国际电信联盟，2018）。

在关于数字数据伦理的讨论中，越来越明显的是，数字化不仅仅是一个技术

问题。相反，关键问题在于未来应该实现哪些新的数字化趋势，我们希望未来的社会是什么样的，这需要公民社会、政策及本地和全球企业之间的“博弈”。企业还面临着对环境和社会负责的要求——无论是实体经济活动还是数字经济活动。

1.3 大数据、人工智能对企业意味着什么

对企业而言，数字化意味着在现有或新市场中使用数据和数字技术以提高效率或创新，包括理解数字经济的原理并充分利用。本章总结了一些数字经济相关的基础知识。

1.3.1 数字化转型与数字经济

数字化和数字技术正在深刻地改变经济，我们将迎来一个新的全球经济周期，即所谓的康德拉季耶夫周期，这将决定未来几十年的经济。网络和新数字技术的发展正在改变个人生活以及经济、政治和社会的方方面面。

“数字转型”或“数字变革”指的是通过数字网络和数字技术对个人生活、商业、政治和社会的转型。技术的可能性是（重新）将数字世界融入物理世界。因此，我们不再像20世纪90年代那样“上网”。相反，我们和我们周围的事物是网络的一部分，网络渗透到一切事物中（参见“数字社会”的定义，第1.2节）。

在不断变化的全球经济和数字经济中，企业在维护自身利益方面面临着广泛的挑战。在数字经济中，所有行业都面临以下新要求（见图1-3）。

· 产品生命周期的缩短、价格的下降以及客户需求和忠诚度的变化带来创新和变革的压力。

· “一切都是服务”的平台商业模式在客户利益方面优于其他产品。数据是价值创造的一部分；直接客户体验是重点；生产者被转变为服务提供者。

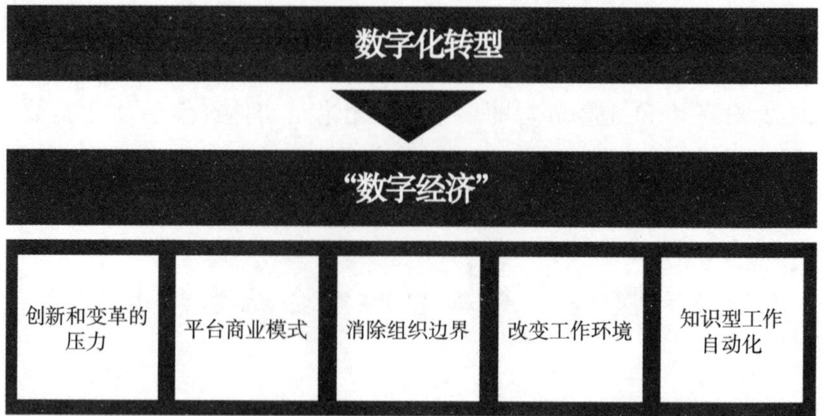

图 1-3　数字经济的挑战

资料来源：笔者整理。

·消除组织边界，与新的合作伙伴和员工群体密切合作。例如，通过众包、与自由职业者和员工团队开展基于项目的工作、在服务创造过程中实现客户、供应商等利益相关者的数字化整合。

·如果工作与实际环境关系不大，随时变更工作环境在技术上是可行的，即工作越来越数字化。

·随着知识型工作的自动化，算法和数据取代了专家提供的基于知识的服务。人类的工作正在演变为一种"补充"，任务是将算法和数据提供的服务整合到工作流程中，并使其适应工作场所。

根据行业和企业战略，企业的任务是投资新技术，学习将数据作为新的投入要素，尝试新的商业模式，并扩展到新的法律和商业责任领域，如数据隐私、数据安全和数字变革中的企业责任。本书旨在对后一点做出贡献。

1.3.2　数字化和数字技术

数字化是指"将信息从模拟存储形式转移到数字存储形式，并将以前由人类执行的任务转移到计算机上"。

在最新的解释中，数字化指的是一种特殊形式的自动化，即通过信息技术（IT）实现的（部分）自动化。如今，数字化也常常被等同于数字化转型。数字化转型指的是信息技术带来的变化（上述意义上的数字化）（Hess，2016）。

此外，许多技术现在已达到成熟水平，使其能够商业化，从而实现产品、应用程序和服务的创新。这些数字技术包括大数据、物联网、人工智能、区块链、机器人、无人机、虚拟现实和增强现实及 3D 打印（见图 1-4）。

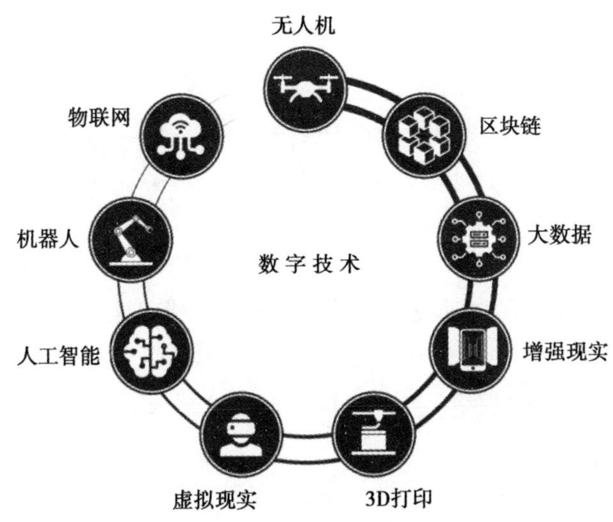

图 1-4　数字化的基本技术

资料来源：笔者整理。

以下是一个简单易懂的数字技术概述，这些数字技术都有可能产生广泛的市场应用、改变行业结构和市场动态。

· 大数据。大数据是指“实时”收集、存储和分析大量数据。因为无法手动分析这些数据（Cavanillas et al.，2016），其必须使用分析软件，这就是人工智能。大数据源于机器和用户产生的数据的指数增长，例如，由于社交媒体上帖子、推文和照片等内容的大量产生。例如，出于广告目的对客户资料进行分析，或“个人”脸书生日视频（Monnappa，2018）。

· 虚拟现实（VR）与增强现实（AR）。VR 技术创造了“新世界”，如在计算机模拟和大型多人在线角色扮演游戏（MMORPG）中，而 AR 技术用附加信息补充用户现有的“世界”。这些额外的信息可以通过智能手机摄像头与屏幕或联网眼镜等方式输入。从军事到教育，从工业到医学，VR 和 AR 的应用似乎是无限的。目前较知名的 AR 游戏有 *Pokémon GO* 或 *IKEA Place*，后者允许用户在自己的家中虚拟放置家具。

·区块链技术。区块链可以被理解为涉及多台计算机的分布式分散数据库。分散性的特点使区块链成为更安全的数据库系统。目前较知名的例子是数字货币——比特币（Schlatt et al.，2016）。

·3D 打印。如今，以数字模型为基础的 3D 打印使用日益广泛，可以相对较低的成本生产塑料、木材、混凝土或金属模型。这使消费品、建筑等的个性化和分散化生产成为可能。

·人工智能。机器学习或深度学习是目前将“智能”注入算法的最成功的方法，也被称为“弱人工智能”，通过大量的训练数据，算法“学习”识别数据中的模式（例如，在图像识别中的人脸特征）并给出正确答案。因此，它优化自身以解决这一任务（Hofmann，2018；Konrad and Adenauer，2018）。

·无人机和机器人。电动设备可以对基于传感器和算法的信号做出反应，并进行机械工作（甚至是在太空中）。机器人已应用的例子有外科手术机器人或自动驾驶汽车等，试验中的例子有小型自动投递机器人、城市空中交通飞行无人机等。

·物联网（IoT）。物体和环境联网以提供有关信息。越来越强大的分布式传感器以及“无处不在”的基于无线电的网络使互联网正在重新融入物理世界，也即物理产品和数字服务正在融合。例如，可穿戴设备、智能家居应用和智能城市。

数字技术相互作用：大数据通过计算机能力实现人工智能。人工智能使物联网、机器人或 VR/AR 的传感器网络变得“智能”，而传感器记录的大量信息被处理为大数据等（Betterplacelab，2018）（见图 1-5）。

数字技术相互作用的一个例子是自动驾驶技术：自动驾驶车辆使用摄像机、GPS 接收器和激光雷达传感器记录环境信息。车载计算机评估驾驶数据，并独立完成加速、制动或驾驶汽车。自动驾驶技术基于实时分析大量数据“了解”行驶线路和当前交通状况，保证车辆安全行驶。这是基于实时分析的大量数据。人工智能通过识别各种各样的情况并采取前瞻性的行动，可以对交通状况做出“充分”的反应。例如，这还包括预测其他道路使用者的行为。人工智能被描述为 IT 系统所具备的与人类认知类似的能力（Burchardt，2018）。本书的重点是民用数字应用和由此带来的企业责任及可持续性挑战。

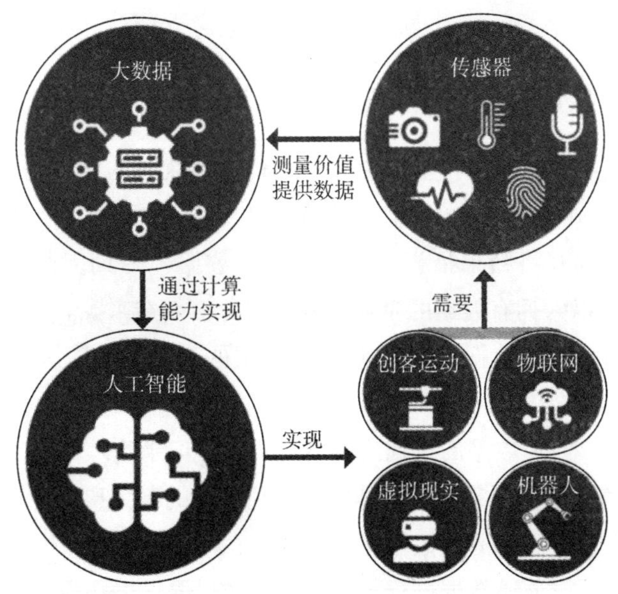

图1-5 数字技术的相互作用

资料来源：Betterplacelab（2018）。

然而，这与人类的学习方式和人类大脑的能力无关（Hofmann et al.，2019）。人工智能研究始于20世纪50年代。近年来发展势头加快，主要是因为现在有大量数据可用于"训练"算法（Konrad Adenauer Stiftung，2018）。

关于人工智能的讨论常常让人想起科幻小说，但它"没那么好，也没那么坏"（Konrad Adenauer Stiftung，2019）。所谓强人工智能的反乌托邦叙事包括超越"奇点"的不受控制的自我发展，超越"奇点"后，算法超越人类的能力且不再受道德体系约束。到目前为止，所谓的"强人工智能"尚未出现，但对人工智能的误解仍然盛行（Konrad Adenauer Stiftung，2018）。从科学角度来看，"奇点"是否存在尚不清楚，更不用说其是否可取（Popoveniuc，2013）。

类似的发展趋势如克服死亡（例如，超人类主义）或人机界面的发展。进行此类创新的企业将自己定位为"未来的创造者"，从而在高潜力的"未来市场"中吸引风险投资。例如，2018年，美国人工智能的风险投资资金同比增长72%，达到93亿美元（Greenman，2019）。

本书讨论的人工智能是弱人工智能和当前已显现的具体社会风险，以及与之相关的伦理问题。这是数字化发展"不良副作用"的一部分，本书将在第2.2.4

节对此进行讨论。

1.3.3 数据作为原材料：新的价值链

目前我们所经历的数字化基于更快、更具成本效益的数据处理和存储（Hilbert，2011；Hilbert and López，2011）。在人工智能的帮助下，数字化可以“实时”分析大量数据并将结果报告给用户。“大数据”一词因此而产生。数据是“新的石油”，可以为拥有数据的企业开发新的价值创造来源。

易于获取的高质量数据是“数据经济”中的竞争优势。大数据的价值创造阶段如下（Curry，2016）：

·收集数据：收集数据的过程。例如，传感器记录物理信息（如位置、气压等）并将其转换为信号。数据收集是数据基础阶段的最大挑战。

·准备数据：过滤和清理数据库中的数据。

·分析数据：对原始数据进行建模、归纳和提取，以获得具有高商业潜力的有用隐藏信息。分析数据应用了数据挖掘、人工智能和机器学习等技术。

·提高数据质量：确保数据质量以供有效使用。数据应该是可信赖、可发现、可访问、可重复使用、可满足使用目的的。社区和众包方法可用于管理大数据。

·数据存储：以可扩展的方式管理数据，以便快速访问。过去使用的关系数据库管理系统在大数据方面已经达到了极限，因此需开发替代系统。

·允许访问数据：将数据集成到公司的相关业务流程和应用程序中。

·数据使用：数据驱动的业务活动，如访问和分析数据以支持决策。

在商业决策中使用数据可以降低成本或增加价值，从而提高竞争力。图 1-6 展示了大数据的价值创造阶段。虽然硅谷的数据企业在最有价值的企业名单中名列前茅（参见本书第 1.2.1 节），但在德国，目前只有 55%的所谓数据经济（数据创造的经济价值）正在被开发利用，估值约 1960 亿欧元（见《数字现实 2018》，第 13 页）。

1.3.4 平台和平台经济

平台是数字化的“心脏”。优步、爱彼迎、户户送和亚马逊等都属于平台经济。平台并不销售商品或服务，而是通过平台商业模式将多边市场中的不同参与者群体联系起来。

IT 平台是平台经济的信息技术基础。“平台是基于在外部生产者和消费者之间实现价值创造互动的业务。”广义上可将平台描述为社会和经济互动的在线促进者（Kenney and Zysman，2016）。

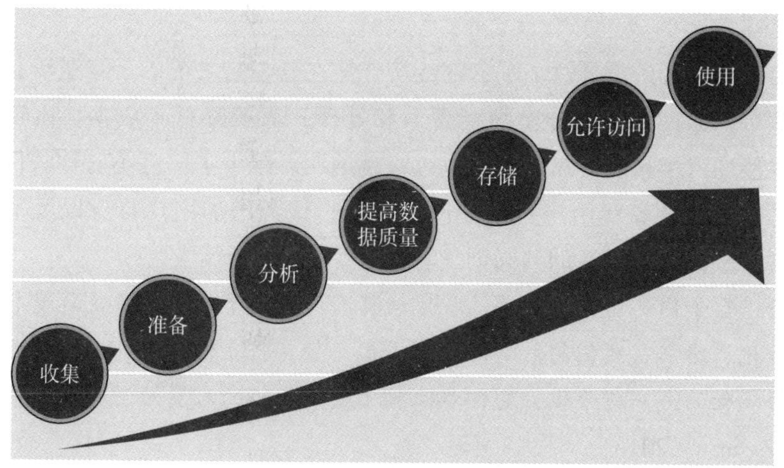

图 1-6　大数据的价值创造阶段

资料来源：笔者整理。

在理想情况下，平台是交易的“中介”，平台将供给和需求结合起来，提供信息和搜索、供应机制、估值或声誉机制等功能（Engelhardt et al.，2017）。与“传统”企业不同，平台不拥有任何生产和分销产品的生产手段。

平台经济的特点是直接和间接的网络效应，即用户数量的增加导致用户自身和平台价值的增加。正向的网络效应能使更成功或规模更大的平台更受青睐，进而形成准自然垄断。平台成功的关键因素是成为“第一个”达到正向网络效应所需用户量临界值的平台，即立足“赢家通吃”的成长逻辑，该平台不再被竞争对手追赶，而是以 100%的市场份额留在市场中。因此，平台发展的第一阶段的特点是资源密集且风险高（Engelhardt et al.，2017）。

因此，一方面，平台企业已成为当今世界最有价值的企业（按股票市值计算）（见图 1-2）；另一方面，投资平台属于高风险投资。成立于 2008 年的爱彼迎在 2017 年首次盈利，而自 2009 年成立优步以来一直出现亏损。目前尚不清楚这一情况在未来是否会改变（Neue Zürcher Zeitung，2018）。平台经济与其他术语相关联，同时面临挑战，“共享经济”利用平台实现资源的去中心化共享，而其“副作用”和权力的集中也越来越明显。

“注意力经济”一词与脸书、油管或网飞等大型社交平台有关。它们的广告融资商业模式旨在将消费者的时间与广告商捆绑在一起并将其货币化。而平台消费的周期越来越快，被称为“高速经济”，高速经济由亚马逊等平台和日益个性化的产品驱动。

平台对消费者的重要性。平台的经济优势在于，与之前的市场逻辑相比，平台为买家和卖家提供的服务交换（搜索和处理）大幅降低了成本。比较商品和服务的性能变得越来越容易，价格也越来越透明，减少了信息不对称。例如，越来越多的服务提供商和用户对服务进行评级，这会增加用户自身以及平台的价值。消费者成为价值创造的共同创造者。

无论平台如何，所有这些都是基于动员人类做出贡献。无论是谷歌将我们的搜索货币化、脸书将我们的社交网络货币化、领英将我们的专业网络货币化，还是优步将我们的汽车货币化，它们都依赖于创造价值的人类活动的数字化（Kenney and Zysman，2016）。

平台形成准自然垄断，因为正的平台网络效应有利于更成功或更大的平台。这就是为什么这些平台在其市场中充当准重心，越来越多的消费者“蜂拥而至”。这些市场的竞争是公平定价的基础，但有限或几乎不存在。

由于平台作为“唯一统治者”的地位，几乎没有被国家监管所打破，平台决定了市场规则。这给在平台上提供商品和服务的用户和其他参与者（如自营职业者和中小企业）带来了风险。

中小企业平台的机遇与风险。平台方作为平台内“唯一统治者”的地位尚未被监管打破，因此市场规则由平台制定，这对在平台上提供商品和服务的卖家和其他参与者（如自营职业者和中小企业）构成了风险。传统行业正因数字化和平台而发生巨大变化：例如，提供衣物配饰翻新、送货服务或家庭清洁等服务的特定平台正在出现。传统行业的中小企业可以以非常低的成本获得新的营销和销售渠道，并通过社交媒体实现客户关系的个性化。同时，数字技术提供了新的、更高效的生产方法，如通过 3D 打印和使用机器人，或通过增强现实提供服务支持。

但挑战也在增加。新的平台正在创造更多可能性并带来竞争，现有平台面临适应和改变的压力，而调整商业习惯意味着投入金钱和时间。

中小企业平台经营风险因素如下（Schössler，2018）：

· 平台运营商的不公平商业行为。

· 无法获取客户数据。

· 不利的条款和规则。

· 责任问题和声誉损害的法律保障不足。

对于零售业来说，在线平台带来的结构性变化已经成为现实。市场领导者亚马逊对消费者有着巨大的影响力；在德国，非食品行业1/3的销售额依赖于亚马逊（IFH Cologne，2019）。有了“Echo”（一种内置语音控制的家庭扬声器系统）后，消费者可以使用语音控制直接在亚马逊订购，而无须进行价格比较（Müller，2019）。零售商通过亚马逊可实现盈利，而无须通过其他途径接触消费者（IFH Cologne，2019）。

为了成功应对这些风险，建议中小企业评估平台的成功因素、行业的机遇和风险。

1.4 为什么监督企业社会责任

在数字化过程中，企业在不断变化的价值创造过程中扮演着新的角色。例如，作为自主系统的开发者、数据采集器和分析者，企业对社会的影响也在发生变化（Lock and Seele，2017）。

通过商业活动，企业通过新的（数字）技术促进经济发展。在企业向消费者提供服务以满足人类的基本需求和新需求的过程中，可能会出现积极的社会变革，解决环境问题，并创造更多就业和经济繁荣。企业行为对社会的可持续发展起到重要作用，企业在其可持续性责任措施中解决社会和环境问题，而这些问题不仅是由于其自身或行业活动而产生的。其中部分出于“商业案例”方法，部分出于道德信念。随着价值创造的变化，客户和利益相关者的期望也随之变化，因此企业社会责任变得越来越重要。

1.4.1 数字商业模式

随着数字化的发展，商业模式正在从传统的“管道”式和价值链创造向价值创造网络生态系统演进（Schössler，2018）。商业模式是一种简化的“模型表示法，用于描述组织或企业如何为客户创造价值并确保组织收益的逻辑关系”

(Zott，2018)。数字商业模式基于平台，相应地，企业利润是通过对数据的增值评估和灵活的定价模型产生的，如基于交易、产出或成功的定价模型（Acatech，2018）（见图 1-7）。

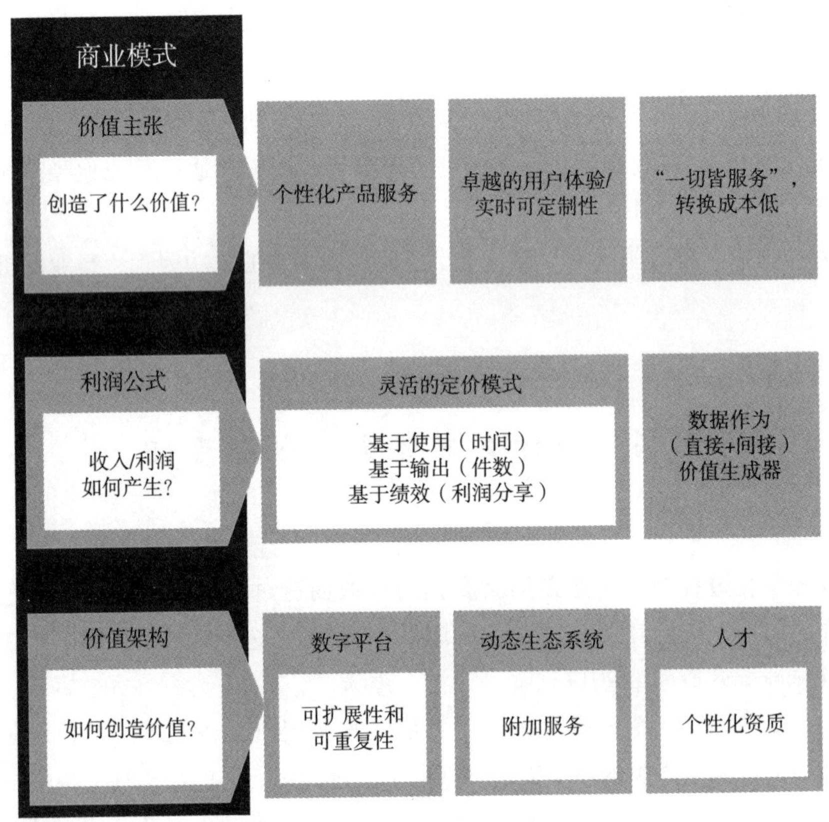

图 1-7　数字化商业模式创新

资料来源：Acatech（2018）。

数字商业模式的优势来自个性化的产品服务，与消费者的体验息息相关；因此企业需要快速调整以适应不断变化的需求。数字商业模式的存在使一切服务都是有吸引力的，因为消费者只在需要时购买，而且一旦其他提供商提供更合适的服务，消费者更换服务提供商的转换成本较低。

有了这些新优势，新的市场正在加速涌现，相比与之前的市场竞争而言，以前必须购买的商品可以在使用时租赁（“产品即服务”，PaaS），软件只在使用时付费（“软件即服务”，SaaS），个人不再拥有汽车，而是选择优步出租车服务或汽车共享（“移动即服务”，MaaS）。人力劳动或创造性工作也作为众工或众创的一项服务提供（“人工即服务”，HuaaS）。虽然小公司和中小企业的利润机会和低门槛市场准入可以被归类为对平台商业模式的经济可持续性的贡献，但问题在于企业行动是否有助于社会的可持续发展（参见本书第2.2.4节）。

1.4.2　工业4.0和工业物联网

工业4.0指的是过去几个世纪中工业和生产模式的多重转型。该术语是指在所谓的网络物理系统中，生产与信息和通信技术相吻合。“工业物联网”一词在英语国家很常用，其目标是根据客户需求灵活生产产品（Samulat，2018）。实物通过配备传感器测量信息数据，通过与互联网的无线连接进行通信、收集和分析，进而创造价值（Fleisch et al.，2014）（见图1-8）这就产生了“数字收费产品”，如，提供的服务或数字产品——“智能家居”：可自动开启的冰箱，可在出现故障时通知用户的打印机等。

在此基础上，出现了大量新的商业模式。例如，产品本身可以成为销售点。如果你用智能手机扫描某购买于亚马逊平台的产品的条形码或二维码，即可获取售后、备件、配件等服务。传感器本身收集环境数据，如压力或温度，而收集的数据也可以作为一项服务，可用于广泛的应用程序（Fleisch et al.，2014）。

在工业物联网中，通过“智能服务”节省材料或运输成本可以与运营可持续性齐头并进。但是，国家或全球的可持续性影响也会产生吗？这些转变会直接引发“循环经济”吗？

1.4.3　新工作

通过数字技术发展，商业模式的快速转变正在改变工作场所，员工作为企业内部利益相关者，其对公平的信任以及雇主的关心被视为数字化工作场所中员工忠诚、员工绩效和员工承诺的先决条件。

然而，员工的信心正在受到严峻考验，德国25%的职业已经具有很高的替代潜力（Dengler et al.，2018），预计有75%的工作岗位将因数字转型而发生变化（Ifaa，2019）。

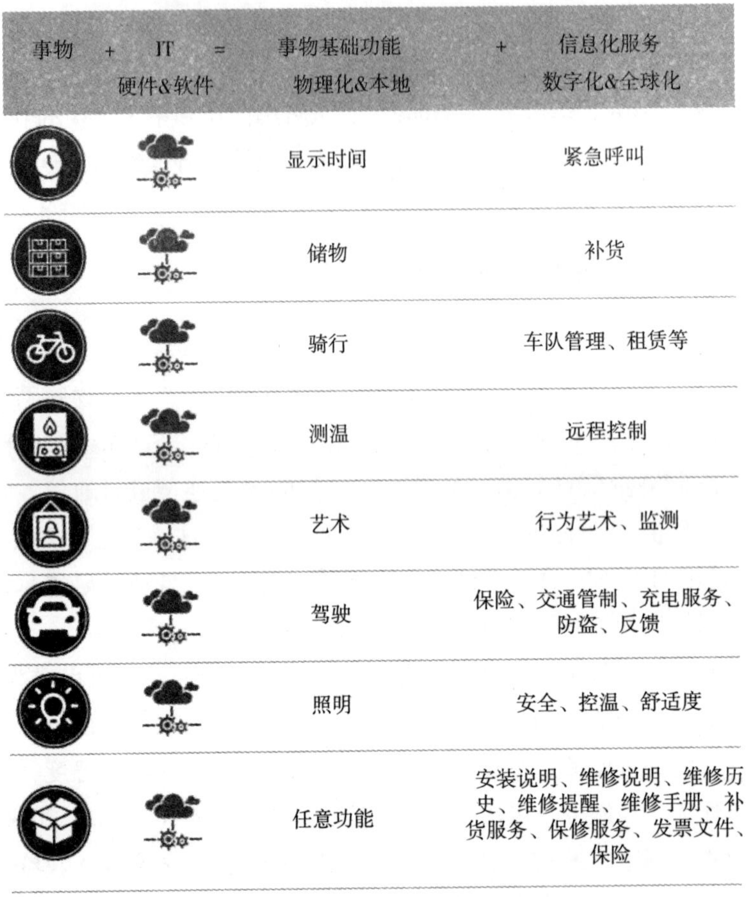

事物	+	IT	=	事物基础功能	+	信息化服务
		硬件&软件		物理化&本地		数字化&全球化
				显示时间		紧急呼叫
				储物		补货
				骑行		车队管理、租赁等
				测温		远程控制
				艺术		行为艺术、监测
				驾驶		保险、交通管制、充电服务、防盗、反馈
				照明		安全、控温、舒适度
				任意功能		安装说明、维修说明、维修历史、维修提醒、维修手册、补货服务、保修服务、发票文件、保险

图 1-8　以物联网为基础的数字业务

资料来源：Fleisch 等（2014）。

一项国际研究显示了类似的研究。根据这项研究，2022 年出现以下情况：

· 近 50%的企业将因自动化而减少全职员工数量（根据当前的工作概况）。

· 38%的企业预计员工职能将更倾向于提高生产力。

· 超过 1/4 的企业预计将通过自动化创造新价值。

此外，企业希望更多利用合同工执行与任务相关的工作。许多受访者强调，他们打算让员工以更灵活的形式就业，在实体办公室之外使用远程员工，并分散运营（世界经济论坛，2018）。与此同时，"技能不稳定性"正在增加：到 2022 年，42%的劳动力技能将发生变化，54%的工人将需要获得额外技能或需要进一

步培训。同时，劳动力技能的变化将带来新技能的“招聘热”。在IT专家的“人才大战”中，雇主必须“证明”自己。一个声誉良好、目标明确、更适应数字时代的企业社会责任的雇主品牌，将更容易招聘到满意的员工（Ferber，2017）。

三个基本主题决定了数字化转型中工作场所的负责任变革（CSR Europe，2018；Hofmann et al.，2019；Sattelberger，2015）：

· 流程的虚拟化和数字化以及工作组织的变化。

· 工作场所的数据化以及与AI和机器人的协作。

· 员工对有意义的工作和参与的渴望（“新工作”）。

业务流程的虚拟化和数字化正在改变工作组织。众包正在引发工作边界的消解，以及数字化活动和工作结果的无缝记录。权力平衡正在向对员工不利的方向转变。“数字临时工”缺乏保护、自由职业者的自由受到冲击，新的雇佣关系概念正在形成（Sattelberger，2015）。

随着数据驱动和人工智能支持的业务流程，员工在工作场所的表现变得越来越透明和可控。如何将数据避免和数据最小化的原则应用于数字化工作场所？如何尊重员工的隐私权（Wedde，2016）？

员工经常对人工智能表达四种核心担忧（Ifaa，2019）：

· 第一，担心个人数据被滥用（数据保护、个人透明度）。

· 第二，害怕与人工智能打交道（失败、“不合格”）。

· 第三，人工智能是一个“黑箱”。

· 第四，担心失业。

员工会认为人工智能具有限制性和控制性，导致员工的自主权和能力丧失及创作自由度降低（Ifaa，2019）。尽管工作场所已经数字化，但雇主仍面临着保持员工忠诚度和绩效的挑战。

此外，员工的工作要求也在发生变化。他们要求工作—生活平衡、工作地点和时间更加灵活、敏捷的工作结构、个人价值观的实现以及通过工作创造意义。透明度、人际网络和自我领导的重要性日益增加（Federal Ministry of Labour and Social Affairs，2016；Hofmann et al.，2019）。与此同时，日常工作与生活界限的愈加不明确使员工健康面临特殊挑战，如“兴趣自危”、情绪衰竭、数字过载（Böhm，2018）。企业管理似乎也变得更加“民主化”——至少在一些公司是如此（Hofmann，et al.，2019；Sattelberger，2015）。实践通常与Frithj of Bergamann提出的“新工作”的原始想法几乎没有关系（Hornung，2018）。

1.4.4 关键消费者

消费者对数字化持怀疑态度，已有研究数据表明了这一点：

· 全球65%的受访者不相信企业在使用新兴技术和人工智能时“把自己的最大利益放在心上”（Pega，2019）。对科技行业的信任处于2016年以来的最低水平，且在全球范围内迅速下降（Edelman，2021）。

· 全球67%的人认为数字化的负面影响大于正面影响（Hootsuite，2018）。特别是56%的人仅关心互联网上的错误信息（Hootsuite，2021）。

· 在欧洲范围内，只有23%的人相信欧洲企业有能力并愿意保护他们的个人数据。

· 全世界27%的人认为“机器人的崛起等同于人类被奴役”（Pega，2019）。

· 美国50%的消费者表示，他们更信任只要求提供与其产品相关的信息或限制所要求的个人信息数量的企业（McKinsey and Company，2020）。

· 德国81%的人宁愿不使用在线服务，因为服务提供商对他们来说似乎不值得信任，也不愿提供他们的个人数据（Bitkom，2015）。智能汽车、智能家电或远程医疗应用的潜在用途也尚未得到支持：德国只有1/3的人对此持开放态度，原因在于未能缺乏从用户角度保护其数据安全与利益。

这些数据清楚地表明，消费者的怀疑态度使数字经济缺乏创新和新市场的动力。与此同时，大多数欧洲人认为数字化和自动化首先是一个机会。

1.4.5 新的信任竞赛

对企业而言，数字化转型意味着通过基于数据和平台的新商业模式，为更高效的生产和创新展开新的竞争。此外，本书在前文中已经明确了这一点，即在数据使用和机器决策中，数字化转型是一个赢得或维持消费者、员工和公众信任的问题。

如果没有信任，企业存在的理由——可持续的创业价值创造是不可能的（Suchanek，2012）。

没有客户和消费者的信任，企业就无法成功运营。否则消费者将向竞争对手转移，市场将根本无法发展。没有员工的信任，员工参与度和员工绩效难以保证。获取数字化转型所需的人才尤为关键。

保持诚信是企业社会责任的核心。问题的关键在于，对信任度的期望是对受信任方未来行为的普遍假设。也就是说，作为受信任方的企业应该遵守承诺，如关于消费者的数据安全。

然而，显而易见的是，企业不可能在所有情况下都信守承诺。以上矛盾在日常商业生活中以许多不同的方式出现。产生不同评价的主要原因之一显然是“数字伦理”和“数字责任”这两个术语至今缺乏统一的使用和理解。然而，必须采取行动克服国家、政客及企业之间的信任赤字，这一点不容忽视，正如上文所述，这对企业的成功至关重要。企业的自我承诺是避免矛盾的手段，比如，加入联合国全球契约，企业自愿将自己限制在某些形式的价值创造上，或者让自身行为受到外部审计的约束，又如由社会责任国际（Social Accountability International）审计。

旨在促进上述意义上的信任的活动属于企业的社会责任（Suchanek，2012）。

企业社会责任是指“一个组织通过透明和道德的行为，对其决策和活动对社会和环境的影响承担责任”。包括（Bundesministerium für Arbeit und Soziales，2011）：

——有助于可持续发展，包括卫生和公共福利。

——考虑利益相关者群体的期望。

——遵守适用法律并符合国际行为标准。

——将社会责任整合到整个组织中并在其关系中实现。

负责任的企业行为意味着避免因企业行为而造成的损害，并增加利益。企业社会责任或可持续管理基于这样一种假设，即企业对其业务活动的后果承担全面的社会和生态责任，这显然超出了法律要求（Schneider，2012）。这也包括数字化中使用数字技术所产生的后果。

1.4.6 数字经济中的责任缺失

数字化对可持续性和共同利益的影响尚不清楚（WBGN，2019）。绝大多数公民希望国家和政府（83%）以及企业（88%）为数字化的社会和文化后果承担责任。但大多数人认为，迄今为止，这一责任尚未得到充分履行（Thorun et al.，2018）（见图1-9和图1-10）。

但也有其他观点。在一项不具有代表性的研究中，多达一半的受访企业认为自己在数字道德和数字责任领域处于有利地位。现有关于数据保护、个人数据处理和其他数字主题的指南证明了这一点。相比之下，只有约1/4的受访者制定了解决数字道德和数字责任的数字战略（Pricewaterhouse Coopers，2019）。解决责任缺失对企业的成功十分重要。

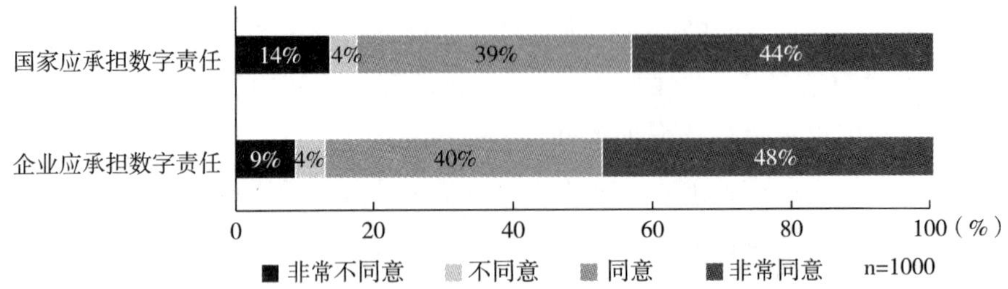

图 1-9　调查结果：数字责任参与者

资料来源：Thorun 等（2018）。

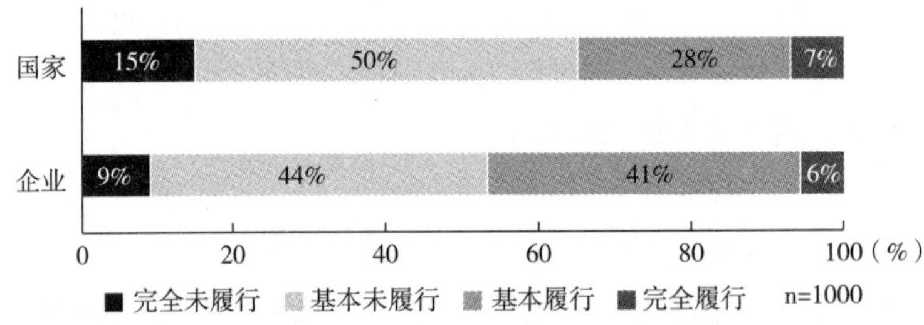

图 1-10　调查结果：当前数字责任的履行程度

资料来源：Thorun 等（2018）。

1.4.7　数字伦理

数字化给我们带来了机遇和挑战，比如人工智能是否对人类构成威胁，互联网代理应如何在人际互动中表现，对影响人类生活的算法应该提出什么要求，或者是否可以爱上机器人（Otto and Graf，2017）。数字化被视为一种道德挑战，价值观意识是适应数字化世界的先决条件（Spiekermann，2019）。

"数字伦理"一词围绕数字世界中的伦理问题构建了一个实用的框架。

"数字伦理有关于如何在一个由数字技术塑造的世界中正常生活，是一个为数字化引发的冲突制定规则，并涉及自由和隐私、团结和正义的社会概念。作为道德哲学的一个分支，数字伦理不一定建立新的道德标准，而是为数字化社会转

化现有的道德标准。”（Bundesverband digitale Wirtschaft，2019）

其背景是 21 世纪价值体系经济化在绩效、效率、自我优化和量化方面的逐步扩展。核心问题是这一价值体系是否适应数字化的未来世界。本书讨论了以下十项道德指导原则（Grimm，2018）：

· 保护基本民主秩序和价值观。

· 意识到责任并进行影响评估。

· 通过对机器的控制确保人们的自决和自主。

· 保护隐私。

· 实现所有流程的透明性和可追溯性。

· 积极建立信任。

· 展示确保系统安全的责任感。

· 在算法和大数据分析中，培养应对隐性估值的专注力。

· 改变视角，全面把握现实。

· 保障机会人人平等。

这些基本上都是关于如何将人权、民主和可持续性等全球公认的价值准则应用于数字世界的问题。权力结构正在发生变化，新的价值观和利益冲突正在出现：这需要在社会和政治上重新协商（Bundesverband digitale Wirtschaf，2019）。

此外，“数字伦理”还与哲学中的伦理问题有关，随着数字化的发展，这些伦理问题越来越多。例如，自动化、机器取代人、自决权与保护公众等。

我们可以通过自动化来探索这个主题的复杂性，自动驾驶汽车的例子就很好地说明了这一点。在自动化背景下，“电车难题”这一伦理学思想实验中，由程序员开发的算法将代替人类做出决定。一个伦理问题是机器取代人。这不是一个新问题，但随着数字化，它不再是危险、体力消耗或单调的工作，而是需要创造力和智慧的活动。另外，有些人希望克服自己的身体限制，实现机器式的“完美”。例如，通过技术手段扩展人类的可能性和表现（Masci，2016）。另一个复杂问题是来自人类与数字的“融合”，例如，通过数字技术克服死亡率。这甚至是一个涉及智人物种继续存在问题的伦理问题（Asmuth，2017）。

本书假设今天的信任危机和数字化的“副作用”并不是未解决的伦理问题所导致的，而是由全球数字经济中的权力、利益或价值观冲突或监管缺失造成的（Lange and Santarius，2020；Pickshaus，2018；Schäuble，2017）。因此，情况与几十年前企业可持续性和企业社会责任起步发展时的情况类似。企业社会责任管理领域中处理企业、社会和环境之间利益冲突以促进未来的可持续发展的方法也可以应用于数字化的挑战。本书从“副作用”的角度系统地研究了数字社会中存在的利益及其冲突，并由此为企业开发行动指南，旨在帮助解决企业管理数字化中存在的问题，并将社会责任融入战略管理中。

1.4.8 数字社会的范畴

毫无疑问，数字化转型及其引发的问题对许多（或许是大多数）企业以及越来越多人的日常生活都有重要影响，但数字化并非没有边界或者漫无目的。

兰格和桑塔里厄斯（2020）指出，数字化并不总是最明智的，他们主张“软数字化”，其中“数字工具”的用途是至关重要的。数字化进程越深入，日常生活中充斥着越来越多的数据、人工智能、机器人等，对“数字化以外的事物”的渴望就越强烈，这也是数字社会的矛盾之一。

例如，对非数字的欣赏：黑胶唱片的再次风靡：2018 年，德国售出了 310 万张唱片。在摄影领域，人们对非数码胶片的“缺陷”越来越怀念；“人行道上的谈话”是一项全球倡议，让人们坐在人行道上，直接倾听他人的谈话。

例如，寻求人性而非机械化：将人和人性置于中心的主张是数字辩论的一部分（Kuhn，2018；Schiel and Seidel，2019）——包括这到底意味着什么——威尔肯斯制定了《数字世界中的人类生活宣言》（Wilkens，2015：218-220）。正念是企业的一种趋势，移情和创造力被视为数字时代的“关键能力”（Fratzscher，2018；Wittmann，2019）。

例如，区域化与全球大规模生产：数字化促进了进一步的全球化，也可以加强区域生产和营销：3D 打印能够以低成本在线下生产单个产品，本地生产商可以找到本地买家群体。数字化不仅可以实现全球交流，也有助于实现线下的专业社交联系。

例如，自己动手而不是“买现成的”：“自己动手”正在引领一种新的手工自制文化：手工制作的定制商品可以通过互联网找到感兴趣的买家。这些例子表明，数字社会的潜力远远超出了我们对数字化的理解，为创业创造了相当大的空间，可以激励企业家和决策者将其用于可持续商业发展和负责任的管理。

1.4.9 数字化时代的可持续性

今天不以明天为代价，不以牺牲其他为代价（Kleene and Wöltje，2009）。

可持续性的概念可以用这个简单的描述来概括。作为一种全球性的政治理念，许多社会团体都在呼吁将可持续性转移到数字时代，并使数字化具有可持续性。这一点的核心是尊重生命和地球边界的自然基础，以及在人类尊严、参与、多样性、福祉和生活质量等可持续性价值观的基础上塑造数字化社会的能力。那么，数字经济就是这个社会文化领域的一部分（见图 1-11）。这与人们经常听到的关于数字化是一场剧变的说法形成了鲜明对比，这种剧变以类似于自然灾害的方式“发生”（WBGU，2019）。

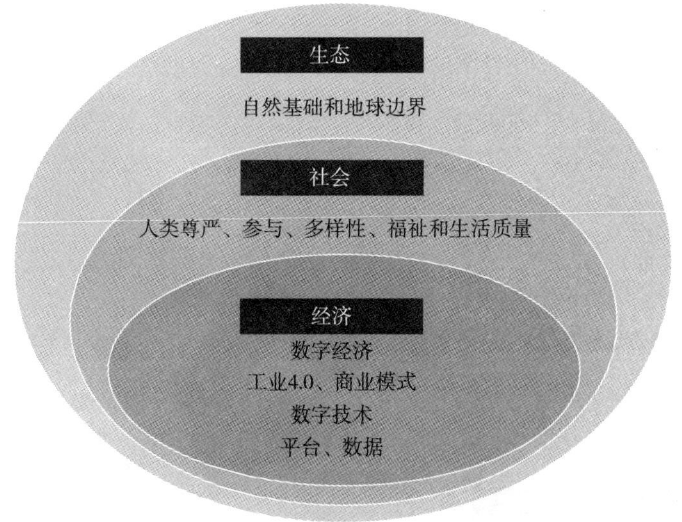

图 1-11　数字化时代的可持续性

资料来源：根据 WGBU（2019）绘制。

到目前为止，数字化的巨大变革力量还没有被纳入可持续性讨论（Lange and Santarius，2020）。2015 年公布的 17 项可持续发展目标（SDG）中不包含数字化，该目标描述了到 2030 年为止的全球可持续议程（Stilz，2017；联合国，2019）。只有德国全球变化咨询委员会的报告《我们共同的数字未来》概述了数字化可持续发展社会的概念，该报告是《布伦特兰报告》的后续（WBGU，2019）。该报告呼吁欧洲决策者以可持续发展为模式，制定独立的欧洲数字化战略。报告称，数字化和可持续性领域的全球研究应该结合在一起。

表 1-1 概述了数字技术在可持续性、经济、社会和环境等方面可能带来的主要机遇和风险（Behrendt and Erdmann，2004；Dörr，2012；Kröhling，2016；Vogt and Jöpel，2019）。数字技术被理解为信息通信技术（ICT）和信息技术（IT）的进一步发展。

表 1-1 数字技术在可持续性方面的机遇和风险（自身表现）

	经济维度	社会维度	生态维度
机会	1. 挖掘新技术潜力解决全球社会问题 2. 利用数字商业模式开拓新市场 3. 通过有效价值创造市场机会 4. 定制个性化生产（“消费者”）点对点市场	1. 生活方式的简化促进了所有人的信息检索 2. 促进全球社会联系和社区建设。提高社会产品属性的透明度 3. 自组织 4. 改善工作平衡 5. 家庭和休闲 6. 网上自营职业新形式的（兼职）就业和工作更公平、更容易获得 7. 教育 8. 促进参与政治进程 9. 改善医疗保健和护理服务 10. 更有效的农业和营养	1. 提高能源和材料的生产率 2. 延伸产品生命周期 3. 降低能源消耗与二氧化碳排放 4. 提高生态产品的透明度属性 5. 资源节约价值优化链 6. 提高生态产品的透明度 7. 城市空间的回归自然属性
风险	1. 加速快速增长的生产结构 2. 技术动态降低了应用程序的成熟度，具有高损失风险 3. 保护知识产权的高额支出 4. 加剧了全球竞争，失去了成熟的市场	1. 失业与丧失社会安全感 2. 加剧社会不平等与数字鸿沟 3. 全球供应链中的社会问题 4. 共同价值观难以形成 5. 国家管辖权过大难以适应 6. 不可起诉的跨指令侵权行为 7. 侵犯隐私和数据保护权、自由权、私人和亲密领域 8. 对社会失去信任 9. 精神和心理疾病导致的健康风险 10. 信息过载 11. 数字成瘾	1. 能源使用的大幅增加 2. 增加使用材料 3. 供应链和回收中的生态问题，尤其是电子/IT 4. 反弹效应增加了货运量 5. 缩短产品和使用周期全球供应链中的生态问题

1.4.10 数字化带来的企业社会责任变化

数字化对人性化、公平和环保的发展提出了挑战（Lange and Santarius，2020）。这里的关键问题包括：通过监控滥用权力；无论是国家还是商业驱动，将人工任务（如倾听、护理、教学）移交给机器时的道德问题；通过个人评分、分析或其他形式的网络操纵限制自由；假新闻或社交机器人导致的社会信任缺失、对人类工作终结的恐惧、超级智能的“奴役”，或在日益迅速的变化中个人超负荷。“在线数据和信息安全”现在是最紧迫的全球可持续性挑战之一

（Globescan，2019）。

客户（更确切地说是他的个人数据记录）比以往任何时候都更容易被利用，并沦为企业价值创造的“手段”。个人的声音很容易被监听。因此，数字化的新责任是尊重每一个人的个人权利（Hofer-Jendros，2016）。

人类存储的大部分知识现在都以数字形式提供（Hilbert，2011；Hilbert and López，2011）。这些是数据和算法（“代码”），即所谓的数字工件。从当今和未来的共同利益来看，它们是需要可持续“管理”的资源（Stürmer et al.，2017）。这也对企业在数字文化领域的企业责任提出了新的要求。

作为社会的一部分，企业被要求承担数字化的共同责任（Bundesministerium für Justiz and Verbraucherschutz，2018）。企业应如何承担责任以及如何评估其有效性？有关研究正在进行中。

企业可持续性或企业社会责任已经在企业中确立了十多年（Rat für nachhaltige Entwicklung，2006）。在不断变化的市场、消费者信任缺失和新的利益相关者需求的背景下，负责任的数字化可以与企业的竞争优势相关联。为了实现这一目标，企业社会责任管理层必须自我更新，拓宽视野。

1.5　企业社会责任如何演变为企业数字责任

数字化正在改变企业开展业务和创造价值的方式。负责任和可持续的企业行动不仅仅关注盈利能力，更考虑不同利益相关者的不同利益。

企业对数据的可用性和控制、对数字技术使用的限制或对机器决策中的个人权利保护的要求目前正在制定之中。伴随这些挑战，新的负责任的商业实践也在发展。商业政策和管理的职能和任务正在发生变化，“企业社会责任”正在数字化过程中形成“企业数字责任”（Esselmann and Brink，2017）。

企业数字责任尚未成为企业的标准：迄今为止，这一概念尚未确立，数字化带来的挑战也尚未得到系统解决（Thorun，2018）。本书旨在为管理层和企业领导层在这一创新过程中提供支持。为可持续发展管理领域的管理者在数字化、可持续发展和企业责任层面上提供一个定位框架。

1.5.1 企业数字责任的定义

企业数字责任代表了负责任的公司治理的扩展视角。

企业数字责任是一种自愿的承诺。它首先需要符合处理消费者数据、机密、知识产权等方面的法律要求和标准，但也延伸到更广泛的道德考虑和组织运营所依据的基本价值观（Global Intelligence for the CIO，2017）。

“企业数字责任”一词被多样化使用，该词衍生自企业（社会）责任，大约从 2016 年开始使用（埃森哲，2016）。

在日益数字化的经济和社会中，企业数字责任属于综合的企业社会责任。它涉及“数字领域的自愿企业活动，这些活动超越了当今法律规定的范围，积极帮助塑造数字世界，以造福于社会”。（Bundesministerium für Justiz and Verbraucherschutz，2018）

从企业数字责任的概念界定来看，企业数字责任一方面指的是数字可持续性（数据和算法的可持续性，参见 Stürmer et al.，2017；Smart Data Begleitforschung，2018）；另一方面则考虑世界数字企业行动的社会、经济和生态影响（Esselmann and Brink，2016；Mühlner，2017；Thorun et al.，2018）。

企业社会责任符合可持续性的指导原则，通过承担经济、社会和生态影响的责任，以及解决相互冲突的目标而实现。企业数字责任视角扩展到数字领域，与企业社会责任一样，数字企业活动的外部影响可能出现在环境、劳动和人权以及社会问题等领域。然而，简单地在其他维度的基础上增加第四维度并不能公平地体现数字化的范围，尤其是因为数字活动的影响并不仅存在于数字世界中，而是可能在物理世界以及数字世界中产生社会、生态和经济影响并相互影响。

因此，企业社会责任在数字化背景下扩展为企业数字责任（见图 1-12；Knaut，2017）。这是企业表明负责任地实施数字化的一种方式。企业数字责任可以为确保这种公平和平衡的数字转型做出重大贡献，以实现所有人的共同利益和可持续发展（2018 年《联邦宪法》）。企业社会责任管理的现有知识、工具和实践经验可以为企业数字责任提供“蓝图”（Esselmann and Brink，2016）。

在政治层面，有一些活动支持企业走上实现新的企业责任的道路（Bundesministerium für Justiz und Verbraucherschutz，2018，2019；European Business Network for Corporate Social Responsibility，2019）。

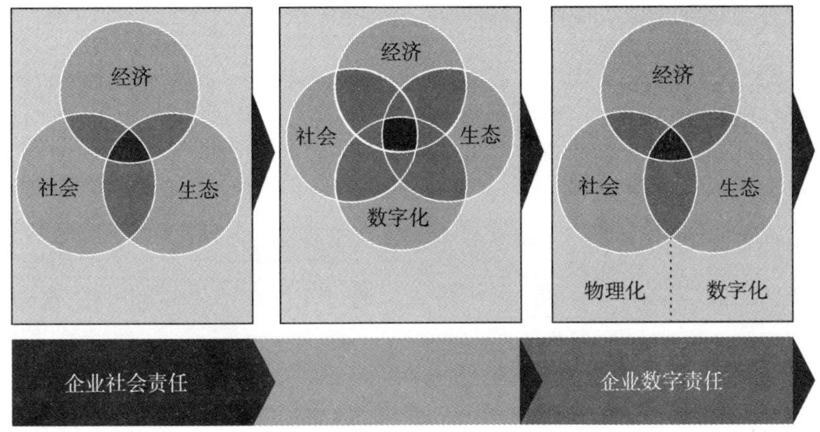

图 1-12　数字化背景下企业社会责任向企业数字责任的扩展

资料来源：笔者整理。

1.5.2　企业数字责任的目标

企业数字责任的目的是维持或建立信任，以作为经济成功的先决条件。

“因此，企业数字责任是吸引消费者和留住现有消费者的一种手段”（Smant-Data-Beleitforschung，2018）。消费者和其他利益相关者对企业算法和数据处理的信任对于保持竞争力至关重要（参见本书第 1.4.6 节）。因此，负责任的企业有以下四个特点（Smart Data Acccmpanying Research，2018）：

· 安全地管理数据。

· 不传播非法数据或未经同意的数据。

· 将其用于与整个社会相关的统计或分析。

· 为下游提供价值创造末期的数据。

员工信任可以通过以人为本来实现，而不是将流程变革置于变革的中心。企业数字责任的目标是（CSR Europe，2018；Sattelberger，2015；Wedde，2016）：

· 尊重和保护员工在数据化、数字化和自动化方面的隐私权。

· 弥补员工群体新的权利不对称。

· 使员工能够参与塑造企业及其主权“新工作”。

此外，为了可持续发展，企业有责任利用数字化带来的经济机遇（Mühlner，2017）：

· 改善当地和全球人民的生活。

· 在新的商业模式下保持竞争力。

· 做好准备应对改变行业结构的竞争对手。

· 节约资源和“非物质化”。

· 保护就业机会。

利用数字技术和数字商业模式实现全球可持续性发展目标的新市场的出现可能会带来新的经济机遇。目前的预测假设，通过使用数字化促进可持续发展的成本节约和新收入，市场容量为 12 万亿美元。

为了保护价值，降低数字化风险也是企业数字责任的一部分，例如（Mühlner 2017）：

· 避免对公司及其价值造成损害。

· 避免对社会和环境造成损害。

· 避免对个人、用户和员工造成损害。

因此，总的来说，企业数字责任有三个主要目标（见图 1-13）：

· 通过数字化抓住可持续发展的商机。

· 通过数字道德行动加强品牌和声誉。

· 通过数字技术创造经济价值。

解决了经济、生态和社会企业可持续性的问题。

通过数字化抓住可持续发展的商机

通过数字技术创造经济价值

通过数字道德行动加强品牌和声誉

图 1-13　企业数字责任的目标

资料来源：笔者整理。

1.5.3　先决条件

随着企业数字化经营方式的改变，如“智能工厂”中的机器联网或通过新平台营销产品，企业对消费者的承诺也在改变。为了建议可信度，本节将讨论成功企业社会责任的两个方面：诚信和能力（Suchanek，2012）。

诚信是指遵守法律规则以及一般的社会和生态标准，或者回答应该遵守哪些标准的问题。其主要目标是“避免因价值创造过程而伤害第三方”。因为这会破坏信任。随着数字化的发展，新的法律规则和新的伦理、社会和生态标准正在出现。管理者和企业家的任务是监控这一发展，确保“数字完整性”的实施（Hochschule der Medien，2017）。

这一点的先决条件是责任者的能力，这是企业社会责任的另一个方面。这种能力是否已经在各个行业中充分存在尚存质疑（Knaut，2017）。为了保护企业，企业战略和政策或企业社会责任和可持续性领域的领导层必须解决数字化对其自身责任领域的影响。

1.5.4　数字利益相关者生态系统

将股东视角扩展到多个利益相关者视角，作为负责任的企业的相关生态系统，是可持续性和企业社会责任管理的一个重要核心（Freeman，1984）。这与不仅为股东创造价值，而且为企业中的其他不同利益相关者群体创造价值的事实是相辅相成的。

数字化正在改变利益相关者的需求，同时也在改变企业利益相关者的类型。除了持怀疑态度的消费者（参见本书第 1.4.3 节）外，人们还认识到“民间社会行动差距”，如在为共同利益使用数据、算法或平台方面（HHL Leipzig Graduate School of Management，2019）。数字企业在“共同利益导向”方面的评级非常低，这呼吁数字企业加强社区、公民和员工的利益（Bertelsmann Stiftung，2017；Deutscher Gewerkshaftsbund，2018；Ver. di，2018）。

政府被要求对竞争法和数字企业的税收进行调整，以确保数字化的好处也惠及公众。立法和法规可能会发生变化。

国家需要建立强大的预测能力和一套战略性的机构、法律和政策（WBGU，2019）。

如果国家或国际组织的引导效用（仍然）太低，则预计技术社区和数字公司本身将无法实现“可持续性转变潜力”（WBGU，2019）。然而，利益相关者对数字化的需求是相当矛盾的。例如，区块链是加强参与的工具，还是耗电巨大的“气候杀手”？机器人是让我们的工作更轻松，还是让我们失去了工作？数字化是在简化我们的生活，还是在造成越来越多的不公平？对数字化和可持续性的学术成果的评估也存在矛盾中（Lange and Santarius，2020）。

如今，这些矛盾仍然让企业难以实施负责任的数字化。但在数字化的早期阶段就认识到相关利益相关者的需求，并以适当的方式做出回应的企业有机会实现战略竞争优势和独特的市场地位（Hasselbalch and Tranberg，2018；Porter and Kramer，2006；Schaltegger and Burritt，2005）。

1.5.5 “透明用户”作为新的利益相关者

数据的可用性和处理是数字化的核心特征之一。获取相关数据及其分析是一个关键的竞争因素。这被称为“数据交易”或“数据市场”，尽管数据通常不是物理传输的（Schweitzer and Peitz，2018）。

一些新的商业模式基于通过数据对个人客户或用户的系统洞察和“渗透”（Hofer Jendros，2016）。如今，用户有意识或无意识地披露自身数据，这些数据被组合起来并“无形地”（通过人工智能）用于创建有关个人的信息。因此，在个人数据市场中，个人作为利益相关者的地位比以前更加突出。尤其是有关个人数据的使用、产权和实施数据保护的集体法规尚未充分保障对他或她的保护（Schweitzer and Peitz，2018）。

商业伦理中关于“透明用户”的讨论涉及个人隐私保护和信息自决。图 1-14 总结了各种现有利益及其调解和冲突水平（Petersen，2015）。“透明用户”可以是消费者、员工、投资者或公司使用的任何其他利益相关者的数据。

普遍利益（如保护尊严或为公共利益和可持续性使用数据的可能性）与个人利益（如信息保密或从数据和数字化创作中受益的能力）之间存在冲突。例如，避免对个人数据进行实时评估而无法控制或干预的个人利益与通过评估个人数据来提高可持续性或减少犯罪的普遍利益之间存在冲突（Seele，2016，2017）。

CDR 或“（数字）可持续性的商业案例”（参见本书第 1.5.2 节、第 1.5.7 节）的概念中讨论了企业利益与普遍利益的关系。为了实现可持续性整合，必须在企业内部处理因考虑利益相关者利益而产生的矛盾和冲突，并制订适当的解决方案（Schaltegger et al.，2007）。

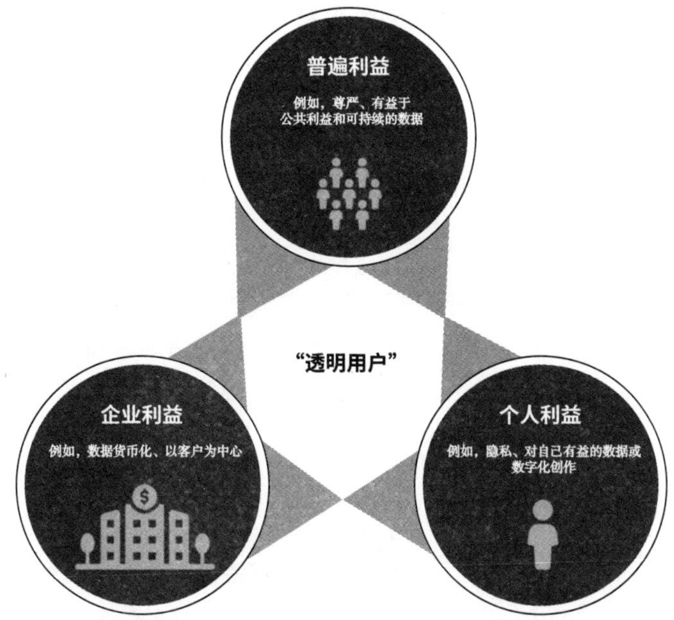

图 1-14　个人数据市场中透明用户的商业道德

资料来源：笔者整理。

虽然企业的目标是将数据货币化并将以消费者为中心作为竞争优势，但“透明用户”因此成为利益相关者。在平台经济的“产消者”关系中，企业和个人利益紧密相关。一方面，企业为用户提供了共同创造、灵活的定价系统和便捷的访问途径；另一方面，企业利用（敏感）个人数据创造价值并操纵行为。

一方面，数据主体（希望）确定其数据的使用及处理范围；另一方面，企业（希望）能够创造价值以增加利润。信息自主和价值创造之间的紧张关系凸显了利益冲突（Smart-Data-Begleitforschung，2018）。

对企业来说，挑战在于谨慎地平衡不同的利益：消费者的意愿和忠诚度是平台经济中产消者关系的先决条件和成功因素，也是商业成功的前提。感到自己受到不公平对待的失望用户可以选择“用脚投票”。

近年来消费者的观点和行为发生了重大变化，2014 年，8%的 14~24 岁的年轻人不在乎其互联网数据被如何使用，而 2018 年这一比例为 20%（DIVSI，2018）。

因此，“透明用户”的道德方面是企业数字责任和可持续性讨论的一部分（见图 1-14）。

WBGU 在其报告中明确将个人纳入可持续发展转型的规范中，并提出“尊严”的概念：它始终是一个隐含的规范起点，但在数字时代，它正变得“越来越具有爆炸性”（WBGU，2019）。

1.5.6 作为竞争优势的社会利益

在可持续性管理方面，企业数字责任的参与有望提高企业的战略竞争地位，并有助于积极的企业价值发展。

个人数字技术和经济机会正在以不同的速度达到市场成熟度以及与其行业的相关性。为获得竞争优势，企业家、经理和高管必须了解大量的技术趋势，并根据自己的业务对其进行评估（见图 1-15）。

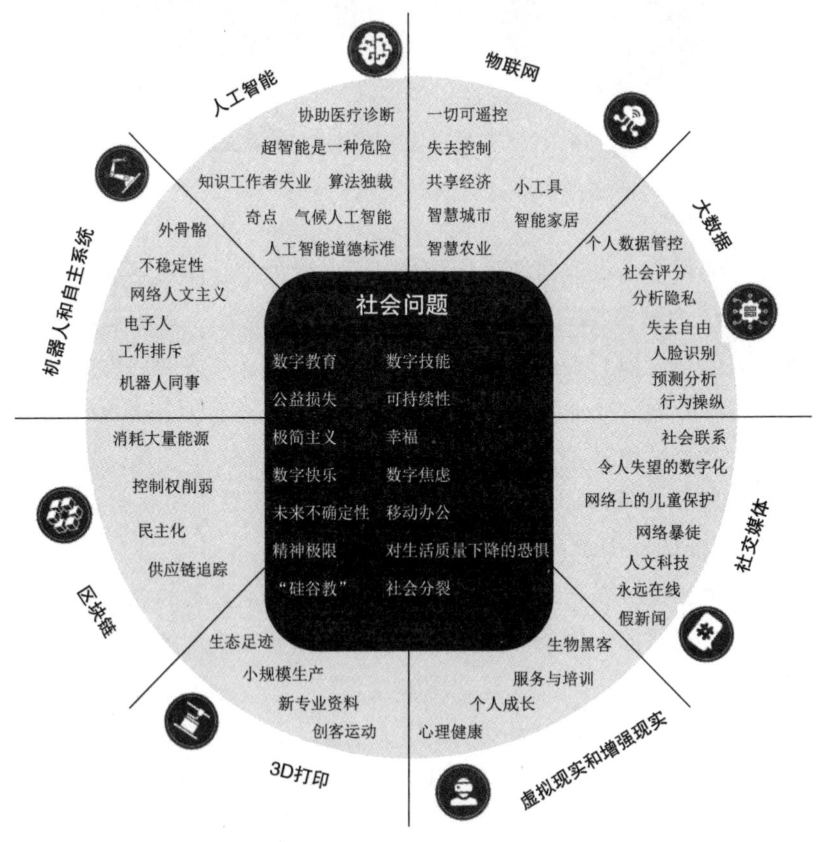

图 1-15 数字主题的趋势雷达及其社会评价

资料来源：笔者整理。

因技术发展而产生的社会利益和需求也可以是企业外部的价值驱动因素，它们也代表了重要利益相关者群体（如消费者、非政府组织或监管机构）对改善企业生态和社会绩效的要求。行业的竞争环境因此改变，企业必须在战略管理中加以考虑。这些驱动因素可以形成战略竞争优势和独特的竞争地位。因此，必须在早期阶段对其进行识别和响应。它们应该被整合到战略早期情报中。根据其生命周期的不同阶段，它们具有不同的战略相关性。一家具有数字化责任感、践行可持续理念的企业旨在确定一个新兴主题以获得先行优势，从而被公认为"主题领导者"，如在限制人工智能的使用方面。个别企业已经认识到这种优势并制定了道德规范。在其生命周期结束时，价值驱动因素只是"保健因素"，并被视为一项成本。它们不能确保正面认知，也不再具有战略意义（Hockerts，2001；见图 1-16）。

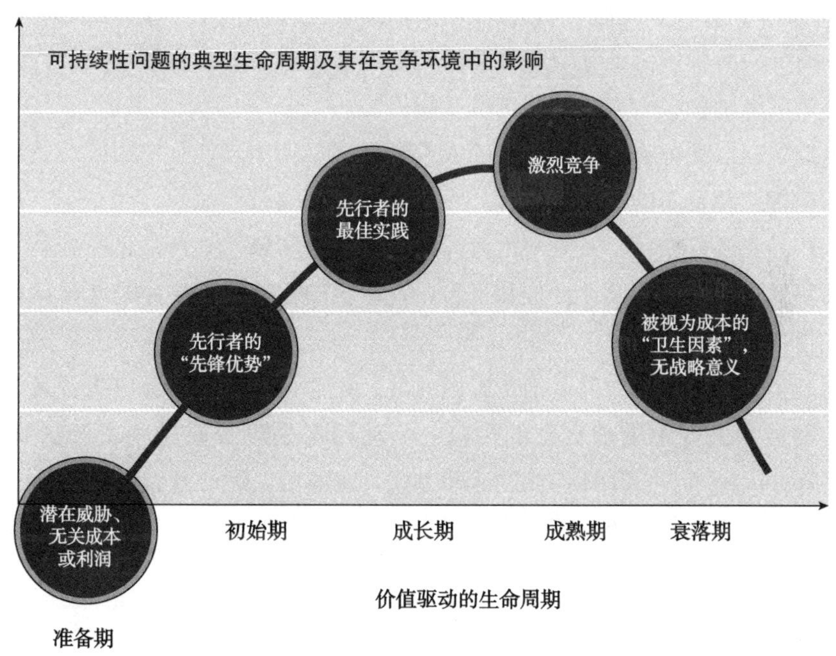

图 1-16　可持续性问题的典型生命周期及其在竞争环境中的影响

资料来源：笔者整理。

对于数字化过程中的企业价值发展，应系统地权衡社会、文化、生态和经济利益，以作为数字价值链上商业机会和风险的早期指标和驱动因素（Schmidtpeter，2017；Thorun，2018）。

1.5.7 （数字）可持续性商业案例

利润和企业可持续发展绩效并不是相互排斥的。例如，2006~2010年，世界可持续发展企业100强的销售增长值、税前利润、资本回报率和现金流均显著高于传统企业（Whelan and Fink，2016）。

研究表明，积极的“可持续性商业案例”可以改善环境或社会绩效（Schaltegger and Wagner，2006）。环境和/或社会绩效所产生的经济价值与“较不可持续的”措施之间抢夺“稀缺资源”。

可持续性商业案例的驱动因素和相应的可持续性措施如下（Schaltegger et al.，2010）：

·提高效率和降低成本：资源节约型生产（如优化生产流程）。

·风险治理：以环境或社会为导向的风险管理（如企业医疗保健）。

·声誉和品牌价值：环境和社会措施的外部传播（如可持续性报告）。

·员工激励和吸引人才：促进员工积极性。

·成本：以环境或社会为导向的成本管理（如使用较便宜的回收产品）。

·销售：开发新的客户群（如推广生态和社会道德产品）。

·产品和服务创新：开发与可持续性相关的新领域（如产品创新、基金会）。

·获得资本：可持续性标准和报告、评级机构的可持续性评级（如道琼斯可持续性指数）。

通过企业数字责任，除了消费者信任外，企业还倡导在员工、投资者、政客等多个利益相关者中维护自己的声誉。驱动因素是声誉或品牌资产（Thorun，2018；Thorun et al.，2018）。通过这种方式，企业可以形成独特的销售主张，并以经济动机建立竞争优势。其他驱动因素，如成本降低和风险控制，也可以证明商业案例的合理性。

企业可以通过其创新能力成为具有竞争力的可持续发展解决方案的推动者，无论是管理风险还是创造商业利益。对于数字时代的企业来说，这意味着避免分析数据或通过“开放数据库许可证”开放数据支持社会可持续性并不一定会导致经济成功率的下降。相反，这可能有助于提高客户声誉或降低进一步处理的成本。

目前正在出现一系列数字可持续性商业案例，尤其关注消费者信心和客户忠诚度及环境和气候保护。企业社会责任管理的中心任务是证明社会和生态绩效与企业经济绩效之间的因果关系。

由于 Poter 和 Kramer（2011）的“共享价值模型”在实践中得到了高度认可，这归功于将社会责任置于企业的战略核心。该模型指出，通过整合社会问题，可以开发创新、更高的生产率、长期竞争优势以及新的销售和增长机会。社会和商业的两个目标被认为是相容的，而不是矛盾的。

“共享价值模型”也可以应用于数字责任，即利用社会机会提高竞争力和利润。只有通过数字技术创造社会价值，企业才能创造相应的价值。考虑的起点是价值链。通过分析与数据相关的价值创造过程的机会和风险（“手印”/“足迹”），可以确定“共享价值”的方法（Esselmann and Brink，2016）。

该模型没有说明如果社会期望和对盈利能力的追求发生冲突时该如何处理。这似乎也是将该模型应用于数字责任企业数字责任的“致命弱点”，数字化的众多“副作用”会降低社会价值，甚至损害社会。

1.5.8　VUCA 世界的责任

为了抓住数字化带来的机遇，企业必须适应变化的步伐。外部因素导致公司内部对管理的要求越来越高，传统的领导理念正在达到极限。人们创造了一个术语来解释这一点：

我们生活在 VUCA 世界中（Sarkar，2016）。

VUCA 是易变（Volatile）、不确定（Uncertain）、复杂（Complex）和模棱两可（Ambiguous）的首字母缩写。有人认为，数字化的发展使这些特征在商业环境中愈加明显。很难说这一变化究竟比以前更“不可预测”、更复杂还是更不确定。然而，在企业内部，数字化正导致业务流程的加速，越来越网络化的“敏捷”组织和相关的组织变革，以及对参与和工作知识密集度的需求正在增加（Kirch et al.，2018）。

伴随管理和领导技能的变化，对道德行为及社会责任的重新评估，并且还在数字能力的背景下探讨了对稳定价值基础的需求（Kirch et al.，2018）。

VUCA 框架下企业的关键成功因素包括（Sarkar，2016）：

· 坚实的业务基础。

· 创新。

· 快速响应。

· 灵活性。

· 变革管理。

· 地方和全球层面的多样性管理。

· 市场和客户信息。

· 与所有相关利益相关者，如员工、客户、供应商、股东等密切合作。

其中许多要求与可持续性和企业社会责任管理者的任务重叠。因此，它们的贡献比以往任何时候都更加重要，也成为其运作的伦理基础。

可持续发展和企业社会责任管理者有望在企业内部提供道德领导力。他们作为变革的推动者在业务部门实现可持续性和道德标准，他们是企业和组织可信度的重要大使，他们的沟通和调解能力至关重要。

然而，VUCA 在商业领域不仅需要创新、灵活性、全球性和开放性，更需要在不确定性中进行决策、在非线性中进行思考，以及尝试新事物。因此，数字时代需要勇敢的企业社会责任和可持续性管理者，他们以实验的方式设计管理实践，并允许犯错。这一理念是企业数字责任循环过程的基础，该过程被开发并用作贯穿本书的指导原则。

1.6 如何通过六个步骤实施企业数字责任

企业社会责任管理层和各个部门的企业社会责任管理人员都面临着接受这些新概念并将其付诸实践的任务。这伴随着狭义的企业社会责任管理创新。一方面，企业数字责任将了解新的“地形”，并将现有的工具应用到其中；另一方面，这是采用新的数字化工作方法和数字思维方式的问题。

实施企业数字责任可能在企业社会责任或可持续发展管理者能力范围内，但目前尚未达到这一点（Knaut，2017；Schaltegger and Petersen，2017）。企业社会责任专家的这一“盲点”并不令人惊讶，因为目前“可持续性”一词并未涵盖数字世界和数字商品。但这一现状正在改变（参见本书第 2.1.3 节）。

为了支持这一更新过程，本书提供了基于一般创新周期的方法，该方法分为六个步骤（见图 1-17）。

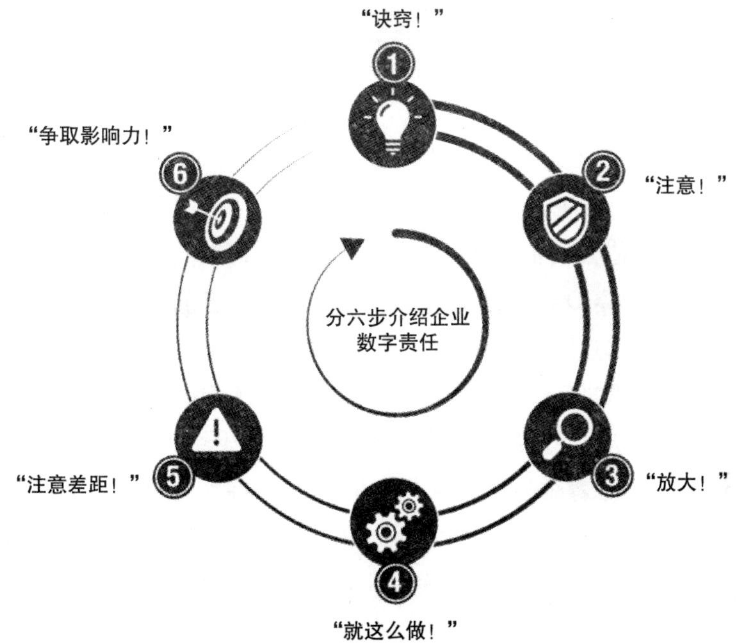

图 1-17　分六步介绍企业数字责任

资料来源：笔者整理。

这一方法旨在将企业社会责任的功能和任务进一步发展为企业数字责任，从而扩大企业社会责任专家的作用和视角。具体步骤如下：

·第 1 步，"诀窍！数字时代的新型企业社会责任"：目的是展示一些表征数字化及其对企业和公司影响的基本的（数字）技术发展。然后，证明为什么这种发展需要改变企业社会责任，以及企业社会责任如何演变为企业数字责任，定义了企业数字责任，现有的企业社会责任概念与企业数字责任相关（参见本书第 1 章）。

·第 2 步，"注意！将数字化和可持续发展结合起来思考"：数字技术为可持续发展带来机遇和风险。接下来，我们将解释数字化可能对社会和可持续发展做出的积极贡献，以及对社会和可持续发展的"副作用"，这些"副作用"在今天已经很明显。每个主题都将被详细讨论，其中一些是新出现的或日益重要的社会问题（参见本书第 2 章）。

·第 3 步，"聚焦！评估企业的数字责任"：在这一步中，建议评估企业数字责任的当前状态。本书提出了数字责任检查程序，有助于提升企业数字责任检查的成熟度和完整性。数字责任检查程序基于一个由15个数字责任集群组成的模型，这些集群源自数字化的“副作用”。对于每个行动领域，本书都介绍了创业机会和风险（参见本书第3章）。

·第4步，“就这么做！在公司实施企业数字责任”：这是关于了解在公司中实施企业数字责任的方法。首先，从最高管理层的角度进行战略分类，有助于通过企业数字责任评估公司的潜力。其次，讨论了如何将现有的企业社会责任工具，如全球契约、OECD指南或DIN/ISO 26000等用于企业数字责任。本书提出了调整利益相关者和重要性分析的建议，并列举了12个公司自愿承诺的例子，可用于证明公司外部的企业数字责任。最后，展示了如何通过创新方法和商业模式开发以负责任的方式促进数字创新（参见本书第4章）。

·第5步，“注意差距！在实践中把握挑战”：在实施企业数字责任时可能会面临许多必须在实践中克服的挑战，因此意识到潜在的绊脚石是有帮助的。这些问题一方面源于VUCA世界中可持续性挑战的复杂性和不确定性，另一方面源于企业中具体的企业数字责任实施障碍。本书介绍了如何处理这些障碍，并附有关于如何找到企业内外的合作伙伴和盟友的实用技巧。本书介绍了来自德国的7个企业数字责任实例，包括一些上市公司。它们展示了企业如何实践企业数字责任并克服挑战（参见本书第5章）。

·第6步，“争取影响力！显示有效性”。本书解释了为什么需要影响力以及“道德剧场”对企业数字责任项目构成的风险，以及如何从数字责任中获得影响力。前文讨论了企业和组织内部化责任的5个阶段。只有将行动纳入战略管理，才能从狭义上谈论企业数字责任。企业的目标是通过企业数字责任措施来增加企业价值和社会价值。本书举例说明了如何衡量数字责任，由于学科领域尚不成熟，迄今为止，企业数字责任还没有既定的影响测量或报告标准（参见本书第6章）。

虽然实践表明第1步到第6步中的顺序是正确的，但这个顺序并不是强制性的。

1.6.1 企业数字责任作为实验空间

企业数字责任的六个步骤不是线性排列的，而是一个圆圈。这是为了表明它是一个迭代过程，既可以反复运行，也可以缩短。从设计思维的角度来看，建议在企业内部解决个别步骤的相关内容。不一定把所有点都做完，而是可以选择一种适合企业的方法，或者研究更好的方法。

企业数字责任是一个循环过程，企业可持续性被视为一个可以接近但无法实现的规范性概念。企业数字责任是一个循环过程，企业可持续性被视为一个可以接近但无法实现的规范性概念。因此，报告指出，仍然“新鲜”的企业责任领域可能会发生变化。VUCA 世界也对企业社会责任产生了影响。正如社会和企业的数字化仍将发生变化，利益相关者的需求、数字责任集群和企业社会责任工具也将适应和变化。因此，有必要根据数字转型动态和年度管理以外的需要，审查和修改各个步骤。

通往企业数字责任的道路应该是一条探索之路，它也可能有死胡同，有时会出现意想不到的分支。在此过程中，现有的企业社会责任或可持续性活动可以进一步扩大。本书从技术和社会角度对数字化进行了分类，并描述了一种可以被视为跨所有行业的交叉问题的企业数字责任方法，该方法可被视为跨所有行业的交叉问题。本书只做基本的介绍，介绍重点为常见步骤。由于数字技术和数字化在不同部门、行业和公司规模中的多样性，因此本书只做简短的介绍，而不详述 CDR 的进一步技术和/或特定行业的差异化。

1.6.2　企业数字责任适用于所有行业和部门

如今，科技、数字、IT 和 ICT 公司已经在应对企业数字责任，并为其制定了概念和战略。

此外，还有一些以可持续性和道德为导向的初创公司正在应对数字化带来的社会挑战，或者“绿色”企业正在将其特定的社会承诺扩展到数字世界。但即使是传统上的“非数字”企业，也已经将其企业社会责任活动扩展到了数字责任领域。在第 5.2 节中可以找到很多案例。

由于数字化是涵盖所有行业的深刻数字转型，因此企业数字责任不仅关于技术型行业的责任领域。原则上，在业务流程和业务模型中使用数据和算法的企业都应该在企业数字责任方面采取负责任的行动。由于数字化（几乎）影响所有企业，因此企业数字责任（几乎）与所有企业相关（Heimisch et al.，2017）。

由于企业受到行业不同程度（或不同速度）的数字化影响，这可能是利益相关者对责任要求的指标。根据数字化程度，各行业的数字化影响顺序如下（Federal Ministry for Economic Affairs and Energy，2018）：

· 信息和通信技术。

· 知识密集型服务提供商。

· 金融和保险服务。

· 贸易。

· 化学/制药。

· 机械工程。

· 能源和供水。

· 运输和物流。

· 其他制造业。

· 车辆制造。

· 医疗卫生。

由于其社会影响，大型企业预计将比中小型企业“更负责任”。因此可以假设，中小型企业将追随企业数字责任承诺的大型企业。然而，企业责任这一创新领域尚未在广阔的企业环境中得到解决。

第2章 注意！将数字化与可持续发展结合起来思考

本章涵盖了数字化和可持续发展之间关系的不同方面。首先从生态、经济和社会的角度介绍数字技术的可持续发展机遇和风险。其次解释了数字化对社会和可持续发展的积极贡献以及时至今日已经很明显的“副作用”。这些“副作用”源于社会需求。本章简明扼要地阐述了这些“副作用”，并介绍了它们的背景信息，在某些情况下这些都是对数字化或数字化企业提出的新的或日益重要的社会需求。

2.1 数字化如何造福于人类和社会

如今，经济和企业已经（部分）从数字化中受益，人类和社会面临的机遇频出。

技术是把“双刃剑”，其在帮助实现可持续发展目标方面具有巨大潜力，但技术也可能是排斥和不平等的根源（Antonio Guterres，2018）。

我们需要利用先进技术的“好处”，包括个人层面的简化、便利和参与，社会层面的为共同利益治理和促进可持续发展。此外，社会效益可以来自经济繁荣和新工作的社会影响。

2.1.1 上网更方便

7×24h 全天候购物，即时交付，方便地与朋友、志同道合的人或其他联系人“保持联系”，以及即时获取相关信息和娱乐——这些都是数字化对个人的重要文献。在新冠肺炎疫情期间，互联网让个人保持社会联系并让企业继续有效运作至关重要。“实时”使用新的技术可能性会产生积极的感觉，如喜悦、热情、创造力或动力。但参与、自决和选择自由也对人们起到了作用。物理世界的缺陷可以通过数字手段进行补偿。

在一定程度上，便利的力量定义了数字世界（Lobo，2012）。

便利和节省时间的价值是数字技术发展的一个关键目标，数字化提供便利以使生活更加顺畅，人们有更多可以自由支配的时间。然而，一些人的收益可能意味着另一些人的损失，在这一过程中角色被重新定义，新任务产生，社会结构发生变化，其后果是复杂且不可预测的。从历史上来看，洗衣机、吸尘器和洗碗机的发明反而带来了更多的家务劳动（Sacasas，2019）。在西方社会，人们所希望的“时间增益”目前并没有带来更大的时间信用，而是导致越来越少的休闲。在这一点上，至少应该指出，便利性作为一种价值也有负面影响，并且可能是所谓反弹效应的驱动因素（参见本书第 2. 2. 15 节）。

2. 1. 2　数字化塑造共同利益

数字化可以提升社会参与，改善卫生和社会保健，促进教育质量，还可以通过协作、人性化和同理心来加强社会关爱，这是社会的共同任务。因此需要发展面向公共利益的社会数字化，如使用数据、算法或平台以实现公共利益。通过开放数据和开源项目，数字知识是公开的，原则上社区中的每个人都可以获取。人工智能如何用于造福所有人的问题正处于广泛的讨论中。

成功掌握数字转型需要一个强大而坚定的公民社会，仅由数字化作为“司机”是远远不够的（Stiftung Neue Verantwortung，2019）。

与此同时，关于利用数字技术实现共同利益的讨论正在进行中。有人呼吁建立一个以技术为基础的社区，让人们重新成为发展的中心。

民间社会行动者也有机会。例如，加强网络建设使他们的声音被更有效地倾听。通过开放数据和开源项目，数字知识实现公共化，原则上可供社区中的每个人访问。如何将人工智能用于造福所有人的问题正在讨论中。

2. 1. 3　利用数字化促进可持续发展

数字化为加快实现 17 项可持续发展目标（SDGS）提供了机会，从而促进可持续发展（参见 2017 年全球目标技术论坛《2030 愿景》）。

在第一份关于在可持续发展背景下全面考虑数字化的科学报告中，WBGU

（2019）指出，数字化动态对2030年议程的所有17项可持续发展目标都有“巨大影响”。该报告甚至建议对可持续发展辩论进行“路线修正”，因为迄今为止，可持续发展辩论没有考虑到“数字化的动态、基于算法决策的机会和风险，以及物理和虚拟空间的交织”。

数字化应该是可持续的，并可被用作实现可持续发展目标的强大工具（WBGU，2019）。

同时，该报告明确指出，对于数字化能在多大程度上实现这些目标的研究存在缺陷，并指出，近几十年来，伴随着能源和资源消耗的增加以及对环境有害的消费模式，关键的任务将是在数字化剧变的阴影下管理可持续发展的重大转变。该报告概述了这些剧变在不同持续时间情景中的具体表现，其可持续发展的潜力和风险正在增加（WBGU，2019）：

·短期：冒着生态和社会动荡的风险，利用数字化实现可持续发展。例如，社会不平等现象增多等。

·中期：冒着环境破坏、社会侵蚀、丧失自由并被全面监控、承担数字授权极权主义的风险，塑造可持续的数字化社会，提供进一步发展启蒙和人文主义的机会。

·长期：冒着人被机器奴役和人类的人工进化的风险，进一步发展“智人”（Homo Sapiens）的未来。

虽然中长期情景指向政治任务，但企业可以承担塑造短期情境的共同责任。

埃森哲在2016年的全球电子可持续发展倡议研究中计算了数字化促进可持续发展的机会。所有17个可持续发展目标和169个“子目标”中的50%以上都将受到积极影响，并可能实现比“非数字化”解决方案高出23倍的传播和覆盖范围。SDG目标第9条“工业、基础设施和创新”等直接致力于改善所有人的网络接入，这将通过加强数字技术的措施直接实现。已计算出的可持续发展潜力如下：

·与“一切照旧”情景相比，非物质化可以减少20%的二氧化碳排放量，从而有助于应对气候变化（SDG第13条“气候行动”）。

·16亿人可以从电子医疗中受益（SDG第3条“良好的健康与福祉”）。

·通过允许汽车与周围环境进行通信的“Car2X”技术，可以避免3000万人受伤和72万人因交通事故而死（SDG第3条“良好的健康与福祉”）。

·“智能农业”使每公顷产量增加900千克（SDG第2条“零饥饿”）。

·新兴国家的宽带扩张可以将国内生产总值提高12%（SDG第8条“体面工作和经济增长”）。

·全球范围内9万亿美元的销售额提升和成本节约（SDG第8条“体面工作和经济增长”）。

可持续发展潜力还包括促进人工智能用于气候保护和生物多样性保护（SDG第13条、第14条、第15条），使用智能传感器防止全球南方国家作物受损（“气候适宜农业”，SDG第2条），通过个性化医疗（SDG第3条）改善健康状况，或利用区块链构建可持续供应链，通过新市场提供创业机会等。联合国的一项研究显示，通过使用数字化促进可持续发展的成本节约和新收入，市场规模可达到12万亿美元（参见2017年全球目标技术论坛《2030愿景》）。

2.2 数字化的“副作用”

知识和信息处理的组织方式与我们组织自然资源处理的方式一样，决定了我们当前创造性发展的机会，更重要的是决定了子孙后代从中受益的机会（Rainer Kuhlen，2002）。

数字化可以改变商业和社会的游戏规则，但可持续发展的真正潜力尚不明确（Seele and Lock，2017）。有研究强调了环境、监控、自由、人权、民主、消费等领域的风险（Lange and Santarius，2020；Sühlmann Faul and Rammler，2018；WBGU，2019）。在此背景下，环境和可持续发展与网络文化和媒体相结合，其中表达的社会诉求通过数字伦理问题进行了系统分析和补充（Otto and Graf，2017，Helbing et al.，2017），并列出了数字化的“副作用”，对这些“副作用”进行了简要解释并介绍了它们的背景（见图2-1）。

2.2.1 数字技能差距和“数字越位”

与20世纪90年代不同的是，如今不再有是否能“在线”和熟练使用互联网的“数字鸿沟”，却产生了数字化社会中使用、评估、创建数字媒体、数据评估和软件开发方面的许多社会问题。人们担心，如果不满足某些先决条件，公民甚至可能失去自决权和成熟度。

多元化社区在数字技术转型中的目标是发展“数字成熟社会”，即社会参与者对技术发展的成熟处理，通过“启蒙”减少非理性恐惧，以及为新市场的转型发展创造氛围。可能只有数字成熟度才能实现“良好的监管”（Spitz，2017）。

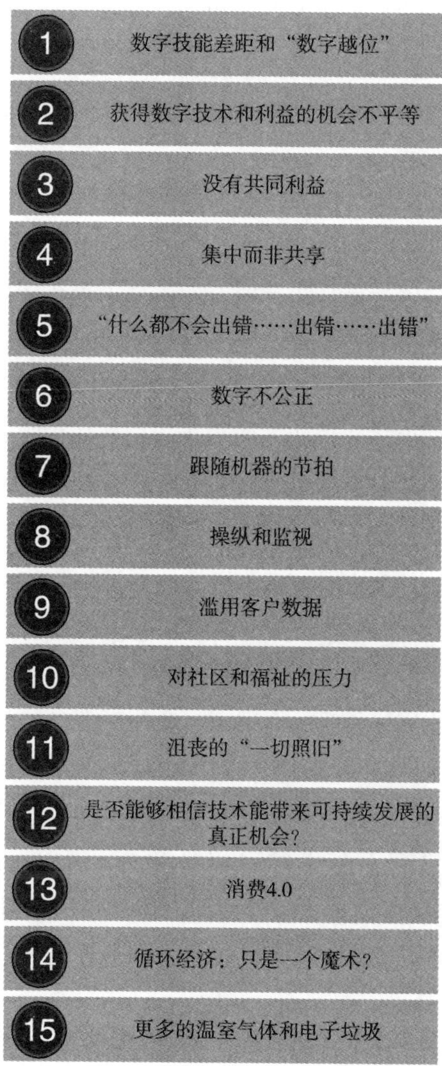

图2-1　数字化的“副作用”

数字化是一个社会过程，只有在得到社会同意并与之对话的情况下才能取得成功。因此，公民需要具备数字能力和成熟度。数字化成熟意味着能够识别、评估并在必要时利用数字化的动态变化可能性，自主塑造自己的生活和活动，即个人和社会，这是负责任的公民塑造数字变革社会的能力基础。

数字素养基于教育和培训以及终身学习背景下的数字教育、数字素养、网络、互联网和媒体能力的概念，并将其引入数字社会中负责任的社会行动领域。这不仅关于使用智能手机和活跃在社交媒体，还包括评估“永远在线”生活方式的后果、了解“数字自卫”的方法或能够质疑算法对社会进程的影响。

可以对个人数字成熟度的各个维度进行区分（Nationales E-Government Kompetenzzentrum e. V.，2018）：

· “技术素养”是指技术用户技能，即使用硬件和软件或基本 IT 技能。

· “隐私素养”是指数据保护技能，即保护个人在线隐私。

· “信息素养”是指信息技能，即在互联网上查找和批判性地评估信息。

· “社会素养”是指社交技能，即在数字空间中进行互动，了解自己和他人的行为。

· “公民素养”是指公民技能，即为集体目的使用数字媒体。

根据调查，受教育程度高的男性受访者的“数字素养”尤其高。欧洲在技术素养方面的弱点明显，随着年龄的增长和收入的下降而下降，尤其是老年妇女，对数字空间和将数字媒体用于集体目的的公民权利和义务知之甚少。

2.2.2 获得数字技术和利益的机会不平等

克服获取数字技术及其利益的不平等，抓住更多参与的机会。数字化使日常活动日益简化，如购物、移动和通信。这为残疾人创造了更多机会，因为数字工具可以考虑个人的不同可能性，并帮助克服身体或精神上的限制（“面向所有人的设计”）。智能手机和平板电脑可以被称为“参与机器”（Aktion Mensch e. V.，2018）。例如，使用简单语言的网站，使残疾人、学习或阅读困难的人能够更好地理解复杂问题，或使用专门的在线地图使残疾人便于搜索、查找和标记地点（Ströhl，2017；Aktion Mensch，2018）。

与此同时，由于缺乏技术设备、缺乏数字媒体知识或语言障碍等原因，无法或不想充分享受数字世界好处的人群面临着新的被排斥风险。因此，为了确保所有人都能访问和参与，必须避免使用数字结构的事实强迫（参见本书第 2.2.8 节），其目的是防止数字歧视，丰富数字化人群的多样性。除了实现网络接入、缩小农村地区网络覆盖率和宽带可用性方面的差距外，还明确需要在技能方面采

取行动：如数字扫盲。在德国，42%的人口能够完全跟上数字化进展，21%的人口处于数字鸿沟状态，且处于数字鸿沟状态的女性群体较男性更多。

在全欧洲的人力资本和数字技能比较中，德国（仍然）排在第十位，芬兰、瑞典和爱沙尼亚并列第一。在过去的一年里，整个欧盟的互联网用户技能有所提高，尽管很大一部分人口仍然缺乏基本的数字技能（欧盟委员会，2020）。

2.2.3　没有共同利益

技术的开发应该有一个共同的关注点，即数字价值创造的公平份额应该移交给社会群体。

世界上最大、最有价值的企业排名中靠前的都是数字企业，尤其是以消费者为中心的美国和中国平台企业，如社交媒体、商业或搜索服务。这些公司通过全球的、高度可扩展的、数据驱动的商业模式，以及对体力劳动和脑力劳动的进一步数字化来实现这些价值，其价值链的一部分是用户交互、数据和网络效应（用户越多，越有吸引力），他们使用“创造价值”所在国家的基础设施和服务（Schneemelcher and Dittrich，2019）。

然而，欧洲或德国的企业几乎不纳税，如欧洲的“谷歌”在欧洲范围内的销售额为 4790 万欧元，只需缴纳 0.2%的微薄税。现有的税务系统无法从数据和算法（无形资产）中捕获数字商业活动。但其他“非数字”跨国企业也在优化其税收负担。这被认为是不公平的，因为税收诚信是一种公共利益（Lange and Santarius，2020；Hadzhieva，2019）。

多年来各国政府一直在应对调整以对抗“公共利益的‘搭便车’者”，从而对拥有重要业务的数字化企业建立并保护征税权”（德勤，2018）。G20、欧盟以及经济和财政部层面的讨论与德国税法的修订等相关（Witfeld and Friedberg，2019）。由于参与者的利益不同——特别是国家和企业之间的忠诚关系——这涉及复杂的谈判和利益平衡。短期内无法取得成功——各个州已经各行其是（Seibel，2019）。从可持续性的角度来看，全球范围内的调整是适当的，这将公正地应对数字经济的全球挑战。

“诚实商人”的概念可以追溯到 12 世纪，指的是有道德的商业行为。这是一个平衡对自己公司的责任感和对社会的责任感的问题。纳税和“税收牺牲”尚未作为企业责任的一部分进行讨论。然而，纳税是“企业对非股东和非员工做出的最大、最明显的贡献。令人惊讶的是，税收通常不会出现在企业社会责任分析中”（Desai and Dharmapala，2006）。在“良好的公司治理”和追求利益相关者价值最大化方面，履行纳税义务并不矛盾，可以对投资者和公众发出积极信号。

除了自愿的企业社会责任措施外，自愿的税收牺牲还可以为政府支出提供资金，从而承担社会责任。这其中出现了一个伦理问题：“企业应该保留哪些税收优惠？企业应该向哪些国家自愿缴纳更多的税款？管理者是否可以放弃潜在的税收优惠，或这是否构成了贪污行为？”（Wagner，2017）

然而，到目前为止，与企业社会责任的商业案例相比，尚无企业自愿纳税牺牲的积极商业案例，也无法假设纳税牺牲会带来声誉收益。相反，更广泛的税务披露可能会引发用户和公众的反制措施（Wagner，2017）。

在物联网或人工智能的未来发展中，税收立法仍将“落后于”经济收入机会（Schneemelcher and Dittrich，2019），这仍然是数字转型动力的一部分。该主题将伴随着数字化转型并引发热议。如果税收有助于维护道路、学校和医院等经济和社会基础设施并使其适应新的要求，那么自愿纳税牺牲（或放弃税收优惠）将是确保数字社会中社会公正的一种手段，前提是企业的利益相关者对此持积极态度。

2.2.4 集中而非共享

通过数字平台（如产销融合、去中心化和开源数据）使经济更加民主、公平和可持续。

原则上，任何人都可以参与 Web 2.0，可以产出自媒体内容，并在博客、帖子和推特上发布。作为“产消者”，人们可以向生产者传达自己对产品的愿望和想法，甚至通过“开放式创新”帮助塑造产品。

相应地，在数字化过程中，“共享经济”一词应运而生。它指的是 Web 2.0 为消费和生产带来的协作机会。共享经济具有可持续发展潜力，因为其涉及促进使用而非拥有的服务。例如，几个家庭共用一台设备可以减少能源和资源消耗，突出的例子包括爱彼迎、优步、易趣等平台企业（Sühlmann-Faul and Rammler，2018）。

数字化可以促进社会创新以及消费和共享消费的生产，如在家中进行 3D 打印或在没有专业记者或出版商的情况下进行媒体对话。其可以通过诸如自我修理传单、原始修理说明或维修手册等方式促进消费者解放，从而区别于一次性文化（Bala and Schuldzinski，2016）。有效“共享”的先决条件是赋予消费者权力，即

生产权力的下放以及信息的自由获取。事实上，如今的互联网更像是一个权力严重失衡的市场，由一些参与者主导，对消费者不利。

2.2.5 “什么都不会出错……出错……出错”

“看似卓越的技术往往会带来比解决问题更多的问题”，这也同样地适用于人工智能。

在社会方面，用户或社区对人工智能或自主系统的结果进行跟踪、控制和纠正，遵守基本民主原则和人权，并限制使用强人工智能。本节的标题开玩笑地引用了一部 1973 年的好莱坞电影《西部世界》。电影中一个配备机器人的游乐园的广告上写着“什么都不会出错”，而实际上机器显示出明显的缺陷，损害了公园游客的利益（Sawyer，2019）。

人工智能预计将对每个行业产生影响，并在每个行业中得到应用。这很可能是下一个重大的技术变革之一，就像计算机时代或智能手机革命的到来一样。根据市场研究公司 Tracica 的数据，2019 年全球人工智能软件市场预计将比 2018 年增长约 154%，预计规模为 147 亿美元。预计未来将出现进一步强劲增长（Tracica，2019）。

除了所谓的强人工智能在没有人类道德的情况下，在未来其发展将超出人类的控制，并在能力上超越人类之外，如今使用“弱人工智能”已经存在社会风险。这些风险包括失业，甚至是在复杂和创造性的智力活动行业造成失业；个人和集体对基于人工智能的决策缺乏理解；种族、宗教和性别歧视；基于人工智能的决策过度；在武器中滥用人工智能等。

其中一个例子是歧视女性的“求职机器人”，该机器人可以检查求职简历中与工作相关的某些关键词，并为招聘人员进行初步筛选。亚马逊被曝利用求职机器人筛选排除女性简历（Wilke，2018）。另一个例子是“种族主义人工智能”：谷歌的图像识别人工智能将有色人种描述为“大猩猩”。据称，谷歌并没有从根本上解决该问题，而是（多年来）从该服务的词典中删除了“大猩猩”“黑猩猩”或“猴子”等术语（Simonite，2018）。人工智能歧视的例子不胜枚举（Cossins，2018）。

由于基于人工智能的商业模式具有可扩展性，因此存在垄断和权力积累的风险。许多研究指出了这些危险并制定了约束规则：

- “人工智能的恶意使用”（Future of Humanity Institute，2018）。

· “负责任的机器学习原则”（The Institute for Ethical AI & Machine Learning，2019）。

· “算法规则——设计算法系统的规则”（Bertelsmann Stiftung and iRights. Lab，2019）。

· “负责任算法的原则和算法的社会影响声明”（Fairness，Accountability，and Transparency in Machine Learning，2019）。

· “Asilomar 人工智能原则”（Future of Life Institute，2017）。

· “算法透明度和问责制原则”（Association for Computing Machinery US Public Policy Council，2017）。

目前许多国家正在就这一议题制定规则，如英国的“人工智能采购指南”（GOV. UK，2020）、德国的“国家人工智能战略”（Bundesregierung，2018），以及欧盟委员会的《可信人工智能道德准则》（European Commission，2019a）。

许多企业公布了有关人工智能的自愿承诺，如微软、SAP 和德国电信（参见本书第 5.2.2 节）。目前尚不清楚这些规则未来将与哪些质量标准相关联（Rohde，2018）。

2.2.6 数字不公正

即使在数字世界，人们也希望在人与人之间建立公正。这意味着贫困国家的人民也应该平等地获得软件、数据和知识。权力的不平衡对用户不利，所有人（包括后代）都应该能通过应用“数字可持续性”和资源开放原则等从数据和算法中受益。数字无形商品，如算法、数据或数字媒体，具有（理论上）无成本无限倍增的可能性。这与地球上有限的自然资源截然相反，必须明确如何在道德上处理这些塑造我们当今社会的商品。

“数字可持续性”将可持续性的理念引申至数字世界（Grieβer，2013）。数字可持续性的基本规范是当数字商品“能被尽可能多的人使用，并能在最少的技术、法律和社会限制下重复使用”时，就可以实现当今和未来几代人之间在数字商品方面的平等（Luki e. v. ，2019；Dapp，2013）。

目前，各个国家并未“公平”地进入数字世界（ITU，2018）。有关组织正在呼吁让全球贫困国家有机会发展自身的数字化以满足当地和国家的需求。社会应该能够平等分享数字化的收益和成本。另一个要求是确保软件的寿命和数据的广泛可用性（Bits and Trees，2018）。

我们的目标是最大限度地为当今和未来的人类带来数字化的好处。数字组件，即算法和数据，作为人类知识的最大部分，基本上被认为是开源和可共享的，因此每个人（包括后代）都可以从中受益。“开源”和“开放数据”倡议提供了可能性，数字可持续性可以被视为数字化社会正义的基础（Stürmer et al，2017；Stürmer，2017）。在最坏的情况下，数字资产未被充分利用或根本未被利用，或其使用寿命被人为缩短（“反公地悲剧”）。

如何获取资源本身就是创业思维的重要组成部分，也是企业成功所必需的价值创造过程的一部分。从创业的角度来看，企业可以开发哪些数字资源？版权侵权是互联网日常生活的一部分，对许多创作者来说，保护版权（以及相关收入）是不可能的。数字和社会可持续性不相容吗？这些也是关于数字可持续性辩论的一部分。

2.2.7　跟随机器的节拍

数字化的反乌托邦要点在于机器人和机器接管工作：一个人们不再需要工作的世界是目前盛行的乌托邦。除此之外，还有一种社会期望，即人们将成为工作场所数字化转型的中心，在社会和经济方面取得平衡。

工作应该人性化、高质量且报酬公平；个人和人权应该得到尊重。面对日益虚拟化、移动化和多变的协作环境，人们可以通过工作保持社会联系。实际上，工作对个人来说极具价值——工作意味着自尊、社会参与和生计。随着数字化和“机器完成工作”的机会，这一概念值得商榷。在数字时代，我们需要讨论“体面工作和经济增长”（SDG 第8条）对人们来说意味着什么。

进一步的研究表明，人们开始担心“机器人将取代人类的工作”（弗雷和奥斯本，2013）。从那时起，进一步的研究修正了反乌托邦的观点（世界经济论坛，2018a）。数字化为企业带来的变化正在导致工作的重大变化。如今，德国25%的职业具有很高的替代潜力（Dengler et al.，2018）。对于整个西方社会来说这可能是正确的。并非所有工人都能接受再培训，这会给经济和社会带来越来越大的“社会负担”。从政治角度来看，协调经济利益和失业的社会“成本”是企业社会责任的任务。

行业的变化使员工需要具备新的技能，从而导致工作情况发生巨大变化。数字化支持的自动化已经在一定程度上取代了蓝领和白领的重复性工作。未来，人工智能控制的机器人或无人机将更大程度上用于生产和服务行业，例如，作为工匠、护理人员或收割工人的助手或替代品，因为人工智能正在逐步获得新的能力，如“精细运动”。最重要的是，使用人工智能可以显著降低成本，因为这些机器不需要工资，而且可能在24小时内不间断使用。关于“机器人税”的政治讨论正在进行中（Porter，2019）。大数据和人工智能对企业决策的支持正在影响专家、经理和其他员工的工作。数字化有可能进一步推动社会不平等。

“社会弱势群体将不得不利用新获得的空余时间从事更多工作，以跟上自动化进程——而特权阶层则可以利用新的时间进行自我培养和创造性教育。”（Krüger，2017）

创建新的企业和工作岗位（至少部分取代过时的企业和工作岗位）是一个创新问题，雇主必须为员工配备新的（数字）技能，并支持向新任务的过渡。随着数字时代的到来，企业的目标是更快地适应，将灵活、协作、虚拟和临时的工作任务外包出去。2000~2014年，欧盟自由职业者是劳动力市场中增长最快的群体，数量几乎翻了一番。在美国，到2027年，自由职业者可能将占该国劳动力的一半以上（Morgan Stanley，2018）。人们担心稳定就业的持续收入或社会福利，如带薪休假、退休福利和职业晋升。雇主需要解决这些社会问题，并找到可接受的解决方案。

未来，人与机器将更加紧密地合作。程序和算法可以在线执行的单个子任务和流程步骤将通过平台外包给外部，如文本和数据维护、分类和标记，或网络研究（“clickworking”，如MechanicalTurk、Clickworker. com、streetspotr. com）。也可以通过平台（如Deliveroo、Uber、Streetsptr）单独、基于时间和位置控制实体任务，如运输或产品评估。因此，新的工作内容、工作类型和雇佣关系正在众包工作中不断涌现。从积极的角度来看，这增加了低门槛的工作机会：通常这些都是自营职业的兼职工作。从负面的角度来看，员工往往是平台的“用户”，现有劳动法并不适用，无法保护员工免受雇主权力的伤害（Bertelsmann Stiftung，2019b）。

同时，通过平台进行分配，使人类劳动力可以进行数字捕获，具有可测量性的好处，但也存在不公平劳动行为以及侵犯个人和人权的相关风险。敦促雇主尊重隐私的人权，不要监控员工。雇主还被要求将其对员工的责任扩展到数字领域，并捍卫员工健康和生命以避免伤害（Ver. di，2019）。

除了这些直接变化外，工作组织和领导层也已经在发生变化。组织中等级森严的等级制度和“自上而下的领导”不适用于创新和市场的动态。人们要求员

工承担更多责任，以不断适应工作场所。工作内容、团队和管理关系应灵活适应企业的需要。所谓的敏捷工作方法和组织，即灵活的、适应不断更新的工作方法和组织正在发展。这得益于“移动工作”的发展，即通过“云端”软件、更便宜的终端设备和改进的网络基础设施随时随地工作。出现了自主性和协调私人生活与工作的新机会，以及由于工作边界在时间和空间上的消失和持续可用性而产生的新问题（Hofmann et al.，2019）。

2.2.8 操纵和监视

为了保护个人自由和隐私，企业操纵、歧视和监视以及无理由存储个人数据的行为将被禁止。公民的信息自决和对人的尊重不可或缺，跨参与者对话中将讨论新出现的伦理歧义。

如今互联网和数字用户只能在非常低的程度上控制“数字双胞胎”留下的痕迹和印象。智能手机可以持续采集个人数据，还可以通过生物特征数据识别个人，如通过网络摄像头进行面部识别，或通过200米距离的红外激光识别特征性的个人心跳（Hambling，2019），这降低了隐私性和保密性。

此外，在“实时”数据收集和分析方面的数字技术发展使新的商业模式能够对用户（以及非用户）进行跟踪、评分和分析。它们创造了更多的“数字双胞胎”，而用户可能并不知晓这些情况的存在，它们甚至可能具有与“数据提供者”完全不同的特征。

企业利用“分数”为客户提供更好的服务，并使自己的商业模式更有利可图，而这可能会给用户群体带来个人风险和劣势，如“大数据杀熟”、老用户优惠价格更高等。

除了评估个人的购买力外，人工智能和大数据还可以用于评估个性特征（如Facebook、Deepher Sense）、健康状况（如Fitbit）、行为（如Root Insurance、Prediction）以及情绪状态（如Affectiva、亚马逊的Alexa）等，并以此进行用户行为的预测分析。

上述分析的一个结果是对个人行为及其预测的评估。人们因此被“筛选”和“物化”。关于此的伦理讨论仍处于初级阶段：这会剥夺用户的个人权利吗？社会是否应该为了某些群体的利益而接受这一点？适当形式的信息自由是什么样的？另一个结果是对用户群体的排斥和歧视，其起源无法追溯，其影响尚不清楚（Christl and Spiekermann，2016）。在欧盟，用户有权获得信息并删除自己的数据。目前，欧盟 GDPR 在实际应用中保护个人免受歧视的程度尚不清楚。这是因为用户被驱使“自愿同意”数据的收集、存储、处理和披露，以节省资金、改善生活或获得潜在雇主的机会（参见本书第 2.2.9 节）。需要注意保护所有数字应用程序中的隐私，这些应用程序中的数据已被记录且无法避免。

未来将产生有关数字保护的法律、自发保护机制以及在用户和数字企业之间建立关于数据收集和评估的“网络视平线”。关于数据或数字伦理的讨论正在进行，应及时将这些议题转化为政治行动和民间社会教育，以便为保障个人和数据驱动型企业的投资安全。

2.2.9 滥用客户数据

IT 安全、数据保护和数据主权（自主处理自己的数据）被视为消费者在日益数字化的世界中保障自身利益的基本先决条件。

客户和消费者完全无法识别自身的哪些数据正在被收集、处理或传递。2018 年脸书的剑桥分析（Cambridge Analytica）丑闻就说明了这一点。在这起丑闻中，有 8700 万用户的数据受到了影响并以此操纵美国大选（Dachwitz et al.，2018）。《欧盟通用数据保护条例》表明，自 2018 年以来，公民和用户对其数据的权利在整个欧盟都得到了保护，涵盖了在欧盟提供服务的其他地区企业。企业有义务以合法的方式处理其用户和客户的数据，也有责任保护这些数据不被第三方未经授权访问。

数据是价值创造的一部分，数据保护和数据安全构成了数字商业模式的基础，也构成了商业关系所必需的信任基础。这种信任还要求数据（尤其是个人数据）处理的透明度和公平性。目前，缺乏信任阻碍了消费者使用数字服务。

保护消费者以获得数字信任的一种方法是采取“数字消费者保护措施”。然而，这是一项政府任务，必须得到企业界的支持（Verbraucherzentrale Nordrhein-Westfalen，2018）。例如，家用设备（如恒温控制器、网络摄像头）以及语音助手（如“Alexa”或“Siri”）的联网数量不断增加，如果这些基础设施没有充分保护措施以防止第三方访问，就会带来新的危险。迄今为止，制造商尚未遵守该领域的安全标准，尽管关于操作系统安全漏洞的报告数量在不断增加。同时需要为安全漏洞制定公平的规则，而不是“把负担推给消费者”。数字消费者保护措施可以通过在产品交付或在线服务使用中的“设计隐私”和“默认隐私”来体现。例如，用户有意识地启动数据分析或数据保护声明的通俗易懂的措辞。此

外，就 IT 安全性、数据保护级别及数据主权考虑而言，如今的消费者并不清楚智能设备、在线服务或应用程序的状态。选择安全可靠的产品需要非常高的交易成本。补救措施包括自愿地、全行业地对数字应用程序、在线服务、硬件或软件进行标识。通过这些措施使消费者感知负责任的数字化，并在使用过程中获得更多安全感和保护。

基于各种技术如大数据、物联网或人工智能，企业能够收集、分析用户数据并将其用于决策过程，即跟踪用户、创建个人资料、用户分类和打分等。收集和评估隐私信息，如对个性、情绪状态等的评估。即使数据是匿名收集的，也可以通过组合方式追溯到用户，例如，将其用于提出购买建议，根据价格意愿调整价格，降低贷款或保险政策的风险，或提高员工绩效（Christl and Spiekermann，2016；Lange and Santarius，2020）。

上述问题一般在消费者不知情、不具备控制或纠正能力的情况下不透明地发生，对消费者不利，这可能会导致错误判断和歧视，有人质疑这是对个人权利与自由的侵犯和对人类尊严的损害（Christl and Spiekermann，2016）。

一个以无处不在的数字跟踪为基础的社会正在形成，企业为了经济利益而系统性地歧视人们，这引起了人们对自由、民主、自治和人类尊严的未来的严重关切（Christl and Spiekermann，2016）。

在目前具有法律约束力的隐私声明中，所谓“自愿同意”数字服务使用个人数据导致了权力失衡。一方面，隐私声明通常很难理解，只需“点击”即可（Obar and Oeldorf-Hirsch，2018）；软件的“服务条款”就是为了这个目的而建立的。另一方面，不同意也意味着不能使用该服务（Lee and Zong，2019）。企业可以通过这种方式遵守数据保护法，但他们把责任转接给了（负担过重的）用户：这需要有创意的创业理念。

另一个关键点在于：尽管《欧洲通用数据保护条例》（EU GDPR）自 2018 年以来为保护欧盟内部的个人数据提供了法律框架，但该条例未能解决数据使用的社会影响以及可能侵犯基本个人权利、自由和人权的问题（Mantelero，2018）。

2.2.10　对社区和福祉的压力

人们通过“社会网络”特别是社交媒体和移动应用程序进行在线互动，通过新颖的参与式结构和交流形式丰富生活。但它们正在给社区和个人福祉带来压力，如政治虚假信息、厌世仇恨言论、新型网络犯罪、认知能力下降等社会问题，甚至可能造成个人心理健康问题。

互联网已经失去了它原本的纯真；如今互联网不再只在肉眼可见的水平上以及跨文化的层面上连接人们。在“社交网络”（Euler，2018；Griessbaum，2013）中，用户的注意力被视为一种有利可图的商品。剑桥分析公司的丑闻表明，滥用收集和分析用户数据离我们并不遥远（Dachuitz et al.，2018）。一个虚构的、足够尖锐的谎言可能比来自声誉良好的提供者的新闻传播得更快、更广。社交网络的媒体不会评估“帖子”的真实内容，而是从关注中获利——无论内容如何。与高质量信息相比，“假新闻”还有一个经济优势：制造假新闻所需的成本和精力极低。

“喜欢”和“分享”的社交媒体作用机制也促进了“过滤泡沫”，这是一个迄今尚未得到充分研究的信息控制问题。这似乎源于人们在网上积极寻求与志同道合的人建立联系这一事实，如油管的推荐算法强化了这一点（Sühlmann-Faul and Rammler，2018）。在社交网络上，我们越来越多地遇到厌世和歧视性的交流，即所谓的仇恨言论。数字世界中新型犯罪并不鲜见，如“网络暴力”“人肉搜索”等。另外，社交网络和移动应用程序的新型参与结构和互动形式也会产生影响。

在使用过程中，通过最初的积极感受，如热情、创造性的喜悦、动力，社交网络会产生拉动效应，导致人们持续上网、缺乏休息时间，进而造成“数字压力”，降低个人的幸福感（Haufe，2018）。人们“永远在线”甚至产生“网瘾”：在欧洲，“X 一代”（41~56 岁）平均每天使用智能手机 3 小时，而千禧一代（24~40 岁）平均每天使用智能手机 3.7 小时。

手机对人类的“注意力资源”带来了压力，并导致认知能力下降（Ward et al.，2017）。与此同时，精神障碍、抑郁症和睡眠障碍（尤其在年轻人群体中）正在显著增加，尽管无法计算这在多大程度上是由社交网络的使用引起的。

由于这种现象的新奇性——想想现在对我们的日常生活如此重要的智能手机，它只有 12 年的历史——既缺乏足够的制度保护机制，用户也没有足够的个人能力来保护其本身及财产。直到 2018 年，德国的《网络执法法》才从法律上规定网络作品必须在 24 小时内删除攻击性和犯罪内容。然而，所谓的脸书法律一直受到严厉批评，因为它没有达到预期的效果，而是限制了网络表达自由（Mihr，2018，Sühlmann-Faul and Rammler，2018）。

为了应对这一趋势，硅谷发起了“合理利用时间”运动，旨在促进积极的

人际互动，而不是吸引注意力，并呼吁对数字应用进行“人性化”设计。脸书和苹果对此做出了回应，并告知用户其使用时间（Meedia，2018）。在德国，许多“数字排毒”活动鼓励用户进行“数字排毒”。

2.2.11　沮丧的“一切照旧”

通过数字化，可以更轻松地实施具有社会性和可持续性诉求的创新商业模式。这为更多地参与、环境保护和公平创造了机会，以满足可持续性和福利国家的社会需求，但不良投资的风险很高。新经济有良够的勇气吗？

数字化有可能成为经济和社会进程的“游戏规则改变者”。但目前尚不清楚这是否有助于提高可持续性和解决社会难题（Seele and Lock，2017）。对企业而言，数字化可能不仅仅是一种提高效率的手段，而是一种对企业和社会具有“共享价值”的创新催化剂。现有公司、初创公司或孵化器的创新领域可以利用这些新的可持续市场机会并将其打造成成功的业务部门或企业。

“数字社会创新是一种基于社会和协作的创新范式，其中创新者、用户和社区使用数字技术进行协作，共同创造知识进而提出解决方案以满足广泛的社会需求，其规模和速度在互联网兴起之前是无法想象的。”（Bria et al，2015）随着数字基础设施和工具的使用，社会实践可能会发生变化，如共享汽车而不是拥有汽车，在家工作而不是开车上班，即时在在线百科全书中进行实时更新的研究，而不是在家中过时的印刷百科全书中查找关键字。

数字社会创新以“开放性”“共享性”和“协作性”等要素进行实验，并与开放数据基础设施、知识和共同创造平台、分散的社交网络、自由软件和开放硬件以及无线传感器网络等技术合作（Bria et al.，2015）。

尽管民间社会、研究机构或非政府组织提供的数字社会创新的例子很多，但它们往往停留在小众领域，无法大规模解决问题。现有企业、初创企业或孵化器的创新部门可以更多地利用这些潜在的商机（Holtgrewe and Schwarz-Woelzl，2019）。

近年来，出现了与企业相关或由政府资助的孵化器、枢纽和加速器，企业和政府在财务上或通过网络和技术支持数字、“绿色”或“社交”初创企业。欧洲的例子有 IEMA 可持续发展影响奖、绿色小巷奖、绿色科技中心等。以可持续性或社会影响为目标的数字创业理念在竞赛中得到推广（Dreyer，2017）。

尽管增长和利润是企业的首要目标，可持续性或定向创业企业仍会将重点放在解决社会问题上，例如，接纳移民女性、培训痴呆症患者或减少食物浪费。社会企业家以创业的方式发展创新的社会观念。现有的社会组织依靠“社会初创企业”以新的方式（尤其是数字方式）应对社会挑战。

最重要的是，商业模式创新是数字化的前沿（除了技术、产品、服务和流程创新外），数字商业模式由数据驱动，其价值创造（全部或部分）基于这些数据。“一切都是服务”意味着资源和能源的节约（参见本书第 1.3.4 节和第 1.4.1 节）。

得益于可按需使用可配置和个性化的“智能服务”，用户体验很高，可以为弱势群体设计个性化的解决方案。因此小众产品也可以实现规模经济，如今天的许多“绿色”或“公平”产品和服务。这同样适用于已淘汰的物品、需要维修的物品或社会影响解决方案等。降低消费水平或从低商业来源购买公平、生态和/或本地生产的商品的机会出现了（Lange and Santarius，2020）。

下文介绍了更具可持续性的创新商业方法。由于绿色、可持续或本地生产的小众产品的营销和分销成本较低，数字化为可持续消费提供了机会。对于消费者来说，它提供了更高的可比性，产品的交易成本降低，定价可能更加公平，产品的需求也会更强劲。根据个人需求提供“个性化”服务变得更加容易。消费者也可以在交换平台中提供产品或服务。

对于以可持续发展为导向的消费者来说，互联网提供了更多绿色的产品和服务，使以可持续发展为导向的生活方式变得更容易，弱势群体也可以通过数字工具或服务得到更好的支持。

2.2.12 是否能够相信技术能带来可持续发展的真正机会

到 2030 年，一个由 193 个国家组成的社区已经为自己设定了 17 个可持续发展目标（SDG）和 169 个子目标。迄今为止，国际社会的努力显然不足以实现这些目标。数字技术的发展有望支持和促进可持续发展目标的实现，但它真的可以吗？

2018 年，人们第一次清楚地意识到，G20 国家中没有一个能够在 2030 年之前实现可持续发展目标（“一切照旧的情景”）。德国也是如此，特别是可持续发展目标 13“气候变化行动”和可持续发展目标 14“水下生命”（Bertelsmann Stiftung and Sustainable Development Solutions Network，2018）。数字技术可以让世界变得更美好——无数例子都证明了这一点（Betterplacelab，2016）。WBGU 在其报告中呼吁将数字化作为实现可持续发展目标的强大工具（WBGU，2019）。

在此过程中，它假设数字化可以通过脱碳、循环经济、更环保的农业、资源效率和减排来帮助实现可持续发展，并且可以通过数字创新容易、更快地实现生态系统的监测和保护。此外，全球化的交流有助于创建一个“跨国网络社会”，并加强全球环境保护意识。

除了实现可持续发展目标的道德要求外，可持续发展目标还具有巨大的市场潜力，预计到 2030 年每年可节省 12 万亿美元的收入和成本，并新增 3. 8 亿个就业岗位。数字技术对实现这些市场机会至关重要，这些经济机会涉及粮食和农业、城市和社区、能源和资源以及健康等领域。例如，使用区块链追踪（可持续生产的）食品、使用机器人进行精细化农业生产、使用自动驾驶汽车减少燃料消耗，以及使用可穿戴设备、大数据和人工智能进行个性化医疗。

全球电子可持续发展倡议（GeSI）和埃森哲（Accenture）的分析表明，通过对全球可持续目标产生积极影响的解决方案，数字技术可以在 2030 年额外产生 2. 1 万亿美元的年收入（2016 年全球电子可持续发展倡议）。

然而，过去的数字化进程也表明，信息和通信技术的基本可持续性承诺，即非物质化尚未实现。互联网、电子商务、智能手机在全球的普及以及自动化程度的提高与能源和资源消耗的增加以及对环境造成更大负担的消费模式齐头并进（参见本书第 2. 2. 15 节）。因此可以假设，主要的可持续性挑战不存在“技术壁垒”，但必须确保技术遵循可持续性理念（WBGU，2019）。

2. 2. 13 消费 4. 0

企业被要求在广告和营销方面承担责任，被要求从单纯的销售重点转变视角，打破“消费恶性循环”（利用消费者的“永不满足”心理）。这需要对营销假设和基本价值进行批判性反思，并让企业更好地了解其产品的社会和环境影响、对全球可持续性挑战的贡献，以及其在广告和营销中的社会责任。

数字化不仅促进了网上购物，还增加了包括线下在内的整体消费选择（Lange and Santarius，2020）。在这个过程中，网络营销的精细化方法不仅满足了需求，也增加了需求。分析数据为企业提供了有关消费者喜好的信息，而个性化的服务让潜在客户越来越难以抗拒：“大数据”创造了“大需求”，并促进了“高速经济”（Lange and Santarius，2020）。

广告投放基于用户在互联网上留下的痕迹，搜索引擎和平台运营商根据偏好、购买力，甚至可能是政治或宗教态度或个性特征单独评估这些痕迹。“大数据”，实时的海量数据评估，使这成为可能。数据配置文件用于广告的个性化或客户细分显示，即所谓的微目标定位。这包括根据“个人资料”确定报价，并在网站和终端设备上显示。“动态定价”提高了客户的购买意愿。它与终端设备、访问位置或时间以及“配置文件”有关，旨在根据统计经验提高购买概率。

在德国，消费倾向正在增长，目前34%的个人有500欧元或以上的财务回旋余地（Sommer，2018）。这一正面消息伴随着对环境的负面影响，因为个人能源和资源消耗随着收入水平的提高而急剧上升，并超出了生态可承受的限度（Umweltbundesamt，2018）。

早在20世纪70年代，随着环保运动的兴起，人们就开始要求改变对广告和营销的理解（Belz and Peattie，2009），然而到目前为止仍然没有结果。广告业促进了不可持续消费社会，破坏程度极高，其数字可能性是预测“透明客户”的意愿，调整报价，从而推动“高速经济”（Belz and Peattie，2009）。

全球北方国家在消费变化方面起到了榜样作用。这对于可持续发展至关重要，因为由于全球南方国家日益繁荣，全球人均收入不断上升，国家间不平等和贫困率不断缩小，全球潜在买家的数量正在增加（Lomborg，2016；Rosling，2010；Our world in data，2019）。

2.2.14 循环经济：只是一个魔术

气候和环境保护对于即将拥有100亿人口的世界至关重要。通过资源和材料循环减少能源和资源消耗以及浪费似乎是可行的，但这需要所有参与者进行大规模反思并做出改变。数字化的可能性可以用于“循环经济”吗？还仅仅是一个“魔术”，阻止了资源保护的真正变革？

数字化被广泛认为是循环经济的推动因素，数字化有助于使资源在经济和物质循环中保持更长时间，并减少初级资源的使用，即更少的原材料被更有效地使用。基于循环经济的商业模式的一个关键点是延长产品的寿命并尽可能将其出租或共享，而不是出售（Antikainen et al.，2018）。循环经济带来的环境效益可能非常显著，如资源回收商业模式可以节省高达90%的温室气体排放（OECD，2018）。

与“循环经济”相关的前瞻性概念是“净零碳足迹”，即在产品生命周期内实现中性二氧化碳平衡。“蓝色经济”，即将级联废物为下一个商业模式的原材料。“从摇篮到摇篮”原则，即在周期内对材料进行全面质量保护，并实现“零

浪费”（Wilts，2016）。

通过传感器和物联网将生产过程联网，通过区块链进行跟踪，通过“大数据”收集实时数据，通过人工智能进行评估，为产品生命周期的透明度和可追溯性带来了新的机遇。智能解决方案可以降低能源消耗，物流路线和容量可以更有效地使用。数字化可以创建对产品资源消耗数据的透明访问，并实现产品生命周期的优化。

采取行动十分必要：欧洲国家之间的城市垃圾回收率差异很大，从德国的68%到塞尔维亚的0.3%。但即使在德国，也只有14%的原材料来自废物（Wilts，2018）。全球范围内，有害于气候、环境和人类健康的塑料垃圾只有2%实现了加工“闭环”。

在循环商业模式中，并非某家企业自身即可完成循环，而是多家企业形成一个生态系统，不同企业在价值链的不同部分发挥作用（OECD，2018）。当前的挑战是开发有利可图的循环经济商业模式和相应的框架条件。现有方法如下（OECD，2018；Accenture，2014）（见图 2-2）：

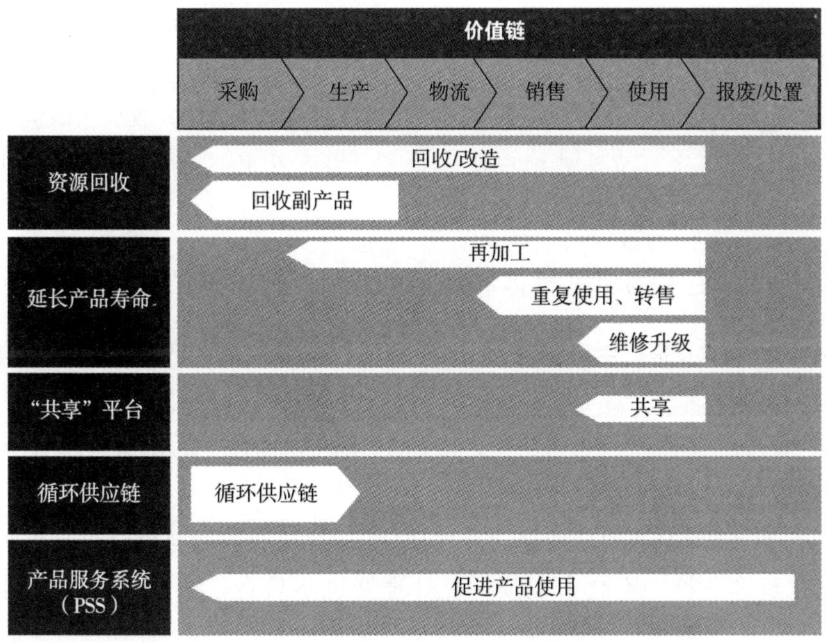

图 2-2　循环经济的五种商业模式

资料来源：笔者整理。

·资源回收：将废物回收为二次原材料并进行改进处理，以此取代新自然资源的开采和加工。

·延长产品寿命：延长现有产品的使用寿命，减缓成分和材料的损耗，降低原材料提取率和废物产生率。

·“共享”平台：促进未充分利用的产品的共享，从而减少对新产品及其嵌入式原材料的需求。

·循环供应链：用可生物降解、可再生或可回收的原材料取代传统材料投入。从长远来看，这减少了对原材料提取的需求。

·产品服务系统（PSS）：即销售服务而非产品，改善了环境友好型产品设计，激励用户使用更高效的产品，从而促进更经济地使用自然资源。

其中的核心是与利益相关者建立联系和合作，但也需要新的合作伙伴关系来实现循环商业模式。因此，网络、共同创造，以及与虚拟技术进行数字协作的平台发挥着重要作用（Antikainen et al.，2018）。

然而，“循环经济”的理念，即通过关闭材料和产品循环来阻止初级生产可能无法实现。它可能会受到与能效战略类似的反弹效应的影响：通过高效的材料使用使产品更便宜、更具吸引力，虽然技术发展减少了单位影响，但增加使用和经济增长抵消了环境效益（Narberhaus and Mitschke-Collande，2017）。例如，基于共享平台商业模式的爱彼迎平台的房间通常比普通酒店房间便宜15%~20%，但这些房间并没有被节省下来，而是被租户用于消费，并产生相应的生态足迹（OECD，2018）。

2.2.15 更多的温室气体和电子垃圾

预计数字技术的“生态足迹”，即能源消耗，以及由此产生的气候效应、资源消耗，尤其是稀土元素的消耗以及“电子废料”及其处置将增加，无法实现非物质化的间接影响。到目前为止，由于使用量的增加，数字技术受到了系统性“反弹”效应的影响。

实质上，数字化可以使成果“非物质化”。算法和数据与小说或音乐作品等其他文化资产一样，不会出现损耗。处理器也不只是在执行算术运算时老化（Hilty，2019）。然而，尽管近几十年来信息通信技术、全球互联网和计算能力不断发展，但越来越多的硬件最终被抛弃。就目前的情况来看，很多数字化产品无法回收。整个系统中的反弹效应使能源消耗的减少量低于预期（Behrendt and Erdmann，2004；Dörr，2012；Lange and Santarius，2020）。

能源消耗至关重要：在欧洲，信息通信技术已经占有害温室气体排放量的 4%，而航空业只占 3%。令人担忧的是，这一比例将进一步增加：信息通信技术的电力消耗可能会呈指数级增长（Lange and Santarius，2020），到 2020 年，二氧化碳排放量将比 2002 年增加近 50%，达到 260 亿吨二氧化碳当量（Global e-Sustainability Initiative，2009）。

2010 年，全球与信息通信技术相关的用电量为 8%~14%，预计 2030 年可高达 50%（Andrea and Edler，2015）。关于全球信息通信技术能源消耗发展趋势的研究结论各不相同，但显而易见的是数据服务中心所需电量在全球范围内有所增加，数据服务中心的效率越来越高，其容量也正在急剧上升。因为几乎所有生活领域的数字化都伴随着所需计算和存储容量的增加，这基本上是由数据服务中心提供的（Richard et al.，2017）。

但问题要严重得多：工业 4.0 和物联网正在增加传感器和物联网的数量，如用于智能城市的传感器和物联网网络，它们需要在待机模式下供电（Fraunhofer IZM and Borderstep Institute，2015）。据预测，每年用于比特币"开采"的能源已经和丹麦的年消耗量相当（Frankfurter Allgemeine Zeitung，2018）。电动汽车也使用电力。如何在通过电力供应数字化发展的同时实现可持续性是一项复杂的任务，当前的方法和思维方式已遭遇瓶颈（Seidel，2019）。

下文讨论了信息通信技术对气候友好型社会的三种可能影响水平（Mingay and Pamlin，2010）：

· 直接降低企业和员工自身的能源消耗（"能源效率"）。

· 间接降低产品在使用阶段或整个生命周期的能耗（"2%"）。

· 通过在其他业务使用信息通信技术间接促进非物质化和脱碳，如视频会议、流媒体、汽车共享（"98%"）。

Mingay 和 Pamlin（2010）强调，重点应该放在信息通信技术作为促进因素的间接影响上，因为这可能产生 98%的影响。"智能 2020"研究（Global e-Sustainability Initiative，2009）从经济和生态角度对信息通信技术为气候带来的这些机会进行了量化。研究表明，到 2020 年，基于信息通信技术的解决方案可以将德国的排放量再减少 20 亿吨（Hans Joachim Schellnhuber，Global e-Sustainability Initiative，2009）。

目前关于德国未能实现其气候目标的报告表明，迄今为止采取的措施不足以实现这些效果。信息和通信技术尚未实现其非物质化和脱碳的潜力。根据 Lange 和 Santarius（2020）的研究，计算机化是反弹效应的典型例子。技术效率的提高，如降低每台计算能力的能耗，会导致额外的消耗，从而抵消潜在的节约。

除了气候效应外，对网络和传输技术的原材料以及终端设备和计算机的需求对信息通信技术的生态足迹至关重要。由于电子技术和传感器技术的广泛使用，这项生态足迹正在增加。越来越多智能手机和其他硬件被丢弃，最终于贫穷地区进行没有任何保护措施的处置：全球电子垃圾目前约有 4300 万吨，预计到 2020 年将增长到约 5200 万吨（Lange and Santarius，2020）。德国原材料局预计，到 2035 年，仅用于电动汽车的锂需求将增加到目前产量的 3.5 倍。由于资源稀缺，提取原材料的过程越来越复杂（Germanwatch，2019）。与此同时，如今的计算机尚无法追踪零件的来源（Nager IT，2019）。我们预计德国的例子在许多其他国家具有相关性和重复性。

数字化对个人、社会、环境和气候产生的这些“副作用”是从社会角度呈现的，对于那些将自己视为可持续发展参与者的企业来说，重要的是要认识到自己对创造价值或造成损害的贡献程度，下一章将解释企业如何在这些问题上进行自我定位。

第 3 章　聚焦！评估企业的数字责任

本章旨在评估数字时代企业社会责任的现状。本书介绍了一种称为数字责任检查（Digtal Responsibility Check）的程序，它支持对成熟度的状态进行具体评估。“数字责任指南针”适用于不同的利益相关者群体。该方法基于 15 个源自社会需求的数字责任集群，这些集群代表了企业实践中的企业数字责任模型。本书将分别定义这 15 个数字责任集群，解释企业数字责任活动带来的企业机遇和风险。此外，还提供了实施示例和指导。

3.1　如何考察企业的状况

数字化带来了社会挑战，并对正在数字化其商业模式的企业产生了“副作用”，这些“副作用”可能是新出现的。这些需求可以在数字时代通过负责任的企业行动予以回应。

企业的行动领域构成了数字责任集群。这 15 个“副作用”中的每一个都会导致责任簇（见图 3-1），它们构成了企业数字责任的系统模型。“数字责任检查”可用于评估企业在数字责任集群中的现有定位，实现对企业数字责任状态的快速检查：哪些活动正在进行？哪些方面差距明显？

3.1.1　企业数字责任检查

为了评估企业数字责任的成熟度，以 15 个数字责任集群为基础（见表 3-1），数字责任检查旨在收集和汇总活动和措施的状态。

	数字化的“副作用”		数字责任集群
1	数字技能差距和“数字越位”	→	数字成熟度
2	获得数字技术和利益的机会不平等	→	数字多样性
3	没有共同利益	→	重塑尊重
4	集中而非共享	→	开放共享
5	“什么都不会出错……出错……出错”	→	驯服人工智能
6	数字不公正	→	数字可持续性
7	跟随机器的节拍	→	工作场所的转型
8	操纵和监视	→	数字世界中的个人保护
9	滥用客户数据	→	数据授权
10	对社区和福祉的压力	→	人性化设计
11	沮丧的“一切照旧”	→	生态创业与社会影响
12	是否能够相信技术能带来可持续发展的真正机会?	→	可持续发展目标的技术部署
13	消费4.0	→	道德营销
14	循环经济：只是一个魔术?	→	零浪费
15	更多的温室气体和电子垃圾	→	数字技术的生态足迹

图 3-1　数字化的 15 个“副作用”以及企业数字责任的相应责任集群

资料来源：笔者整理。

表 3-1　数字责任集群概述和简要说明

数字责任集群	简要说明
数字成熟度	支持民主社会个体和集体地发展成为数字化社会

续表

数字责任集群	简要说明
数字多样性	让所有人平等地参与数字世界和社会的利益；促进数字包容（“不抛弃任何人”）
重塑尊重	让创新数字技术和数据创造的价值为社会所“公平分享”；尊重共同利益
开放共享	促进消费与共享消费的生产方面，通过数字平台解放消费者，减少资源消耗（“共享经济”）
驯服人工智能	限制和控制基于神经网络的人工智能和自治系统的开发和使用，以在业务环境中自动做出决策
数字可持续性	通过内部数字知识（数据和算法等数字工件）的获取和可持续性为公共利益做出贡献，即如果内部数字知识不再继续对价值创造做出贡献，则开放和发布这些数字知识
工作场所的转型	对社会和个人有利的工作数字化转换设计；提升数字化工作场所中雇员和其他工人的雇主福利
数字世界中的个人保护	通过设计数字产品和服务或限制人工智能和机器人的使用场景，尊重数字世界中消费者（尤其是儿童和其他受保护群体）的基本隐私权和尊严
数据授权	尊重用户的数据主权，加强数字消费者保护；将数据控制权移交给作为“数据提供者”的用户
人性化设计	促进积极的人际互动和沟通；在社交网络和移动应用程序中加强民主
生态创业与社会影响	促进以可持续性为导向的社会创新和可持续生产与消费的数字商业模式。利用数字化创新“创造更美好的世界”
可持续发展目标的技术部署	到 2030 年，通过数据和数字技术促进可持续发展目标及其（子）目标的实现
道德营销	在环境和气候保护以及用户隐私和数据保护方面重新调整网络广告和营销策略；使营销生态化、道德化和关系化。避免因消费增长和“高速经济”而增加资源和能源消耗
零浪费	利用数字化来延长产品生命周期，开发“循环经济”的创新商业模式，从而为气候和环境保护做出贡献
数字技术的生态足迹	管理直接和间接“生态足迹”，在数字化过程中不断减少对环境和气候的负面影响

数字责任检查包括两个步骤：评估单个数字责任集群中活动的成熟度和企业数字责任的整体性。这最初可以作为专家评估进行，然后也可以通过对内部利益相关者和外部利益相关者的系统调查方法在后续步骤中进行补充。

第 1 步，确定“覆盖范围”：根据 15 个数字责任集群对企业现有活动进行分析。企业内部专家评估决定是否以及在多大程度上解决了这些问题。为此，可以分析沟通材料、可持续发展报告、战略文件，并采访公司的专家。分析的结果为一个已经在处理的责任集群列表，这是进一步考虑的起点。“低”覆盖率不应在第一步中被负面评价。

第2步，“企业数字责任绩效”：提取数字责任集群并以此对企业社会责任程度进行评估。根据 Schneider（2012）和 Hansen（2010）提出的从低到高企业社会责任绩效的等级定性分类作为评估基准（参见本书表6-1）：

·0：无企业数字责任承诺（“拒绝”）。

·1：经济和法律承诺（“被动”）。

·2：社会赞助和宽松措施（“社会”）。

·3：部分价值创造和竞争优势（“战略”）。

·4：积极的政策制定者（“变革性的”）。

企业的每个行动领域都应根据上述材料评估其企业数字责任绩效。从沟通的角度来看，高估当前绩效很有诱惑力，但它会产生无法满足相关预期的战略风险。图3-2可用作记录结果的模板和工作辅助工具。低绩效不一定就是负面的。对企业来说，重要的是潜在的风险和战略重要性。本书第4.1.2节解释了嵌入战略管理的详细步骤。

3.1.2 数字责任指南针

“数字责任指南针”提供了15个数字责任集群的另一个视角，它概述了企业数字责任措施如何处理不同的利益相关者群体。“数字责任指南针”基于社区、员工、环境和气候、客户和市场四个企业社会责任领域，每个领域都是综合企业社会责任战略的一部分（Lotter and Braun，2010）。

四个行动领域的指导问题包括：

·共同利益：企业如何参与数字化的社会积极发展？

·员工：在数字化工作场所，企业对员工福利和绩效的承诺是什么样的？

·环境和气候：企业正在做什么来减少碳足迹和保护自然资源？

·客户与市场：企业如何确保数字服务用户的长期信任？

根据关键利益相关者的影响，可将15个数字责任集群分解到四个行动领域。数字成熟度、数字多样性、重塑尊重、开放共享、驯服人工智能，以及数字可持续性属于共同利益领域。对作为利益相关者的员工而言，数字责任集群将工作场所的转型视为重要因素。对作为利益相关者的用户和市场参与者来说，数字责任包括数字世界中的个人保护、数据授权、人性化设计、生态创业和社会影响、可持续发展目标的技术部署以及道德营销。对于环境和气候领域的利益相关者来说，数字责任集群中零浪费和数字技术的生态足迹非常重要。

CDR 表现概览

	公司	方法	
1	数字成熟度	⊕	
2	数字多样性	⊕	
3	重塑尊重	⊕	
4	开放共享	⊕	
5	驯服人工智能	⊕	
6	数字可持续性	⊕	
7	工作场所的转型	⊕	
8	数字世界中的个人保护	⊕	
9	数据授权	⊕	
10	人性化设计	⊕	
11	生态创业与社会影响	⊕	
12	可持续发展目标的技术部署	⊕	
13	道德营销	⊕	
14	零浪费	⊕	
15	数字技术的生态足迹	⊕	

无CDR承诺　　价值创造和竞争优势的一部分

经济和法律承诺　　积极的政策制定者

社会赞助和宽松的措施

图 3-2　企业数字责任绩效检查

资料来源：笔者整理。

数字责任集群通常不仅涵盖一个利益相关者群体的诉求，而且经常涵盖两个或更多群体的需求。它们之间的关系如图 3-3 所示。

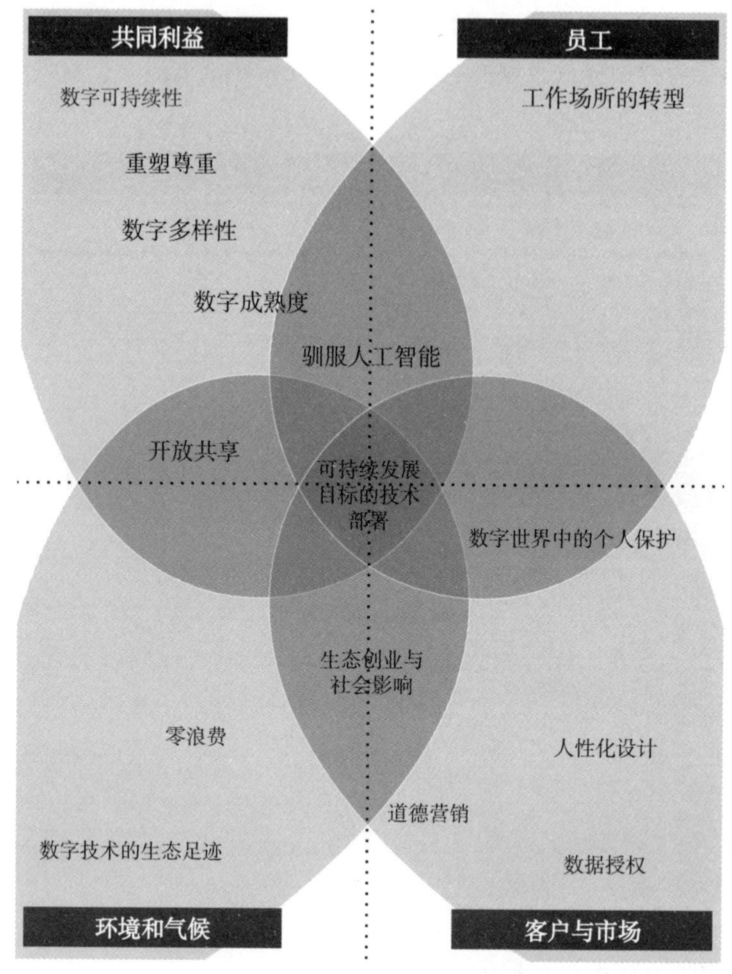

图 3-3　利益相关者参与的数字责任指南针

资料来源：笔者整理。

在矩阵中，15 个数字责任集群中的每一个都是根据其与所有四个行动领域（利益相关者）的接近程度来定位的，类似于引力场。接近其中一个角表示接近企业社会责任行动领域，定位在中间（如驯服人工智能）表明所有利益相关者都受到影响。根据矩阵可知数字可持续性在共同利益层面有所体现，数字成熟度在共同利益和员工层面都有体现，因为数字成熟度不仅关乎公民社会的数字能力，也关乎员工的数字能力。

建议标记数字责任指南中已经存在的措施和活动的责任集群来进行数字责任

检查。以图 3-3 为例，利益相关者群体活动已经存在的问题显而易见。数字责任检查可以放在耗费时间和资源的重要性分析之前，进而为企业的数字责任集群战略提供初步的评估。

3.2　存在哪些数字责任集群

如图 3-4 所示，15 个数字责任集群代表了数字社会中的企业社会责任模式（见图 3-4；Dörr，2019）。

图 3-4　15 个责任集群的企业数字责任模型

资料来源：Dörr（2019）。

企业数字责任的责任集群并非毫无重叠，但每个集群都显示出一定的重点。数字责任集群旨在概述企业数字责任这一年轻且迅速发展的领域，并为讨论和进一步的研究提供方法，进而推动企业数字责任的实际实施。当然，在数字转型过程中将出现新的社会问题。在此种意义上，数字责任集群只能是一个“不完整或客观的快照”。

下文从企业的角度定义了责任集群的目标，概述了企业数字责任活动带来的机遇和风险并给出实施示例。

3.2.1 数字成熟度

以负责任的方式应对数字技能差距和“数字鸿沟”（参见本书第2.2.1节）意味着支持社会发展为数字化社会——无论是个人还是集体。

企业可以通过广泛意义上的教育和意识项目来提升利益相关者数字素养（特别是公民素养），进而提升数字成熟度。除了对公众的承诺外，企业可以为员工提供进一步培训来提升其数字素养。

对于企业来说，这有助于提高声誉、员工忠诚度和雇主品牌。由于目前社会中公民数字素养水平较低，此能力的发展可能特别有效。而如果企业限制或破坏公民的自决权或隐私权，会产生声誉方面的风险。企业参与的机会包括：

·向公众开放现有的企业培训和继续教育内容，如“技术素养”或“隐私素养”。

·向公众教育领域（如成人教育中心或学校）开放现有专有技术载体。

·促进企业自愿参与教育项目。

如果企业阻碍民主进程，或不将个人（包括客户）视为负责任的社会成员，例如限制或破坏他们的自决权或隐私，那么企业的声誉将面临风险。

3.2.2 数字多样性

以负责任的方式应对“数字技术及其利益的不平等获取”（参见本书第2.2.2节）意味着让所有人都能平等地参与数字世界和社会的利益。这意味着促进数字包容（“不让任何人掉队”）。

其目的是使弱势群体或被排斥群体（如妇女、老年人、低收入者、低技能人群、残疾人或移民）不仅能够参与数字应用程序的使用，而且能够参与数字应用程序的设计。参与的方式可能包括：

·通过数字设备访问互联网和数字服务。

·确保数字服务和应用程序等的可访问性。

·提供简单易用的网站或应用程序（Netzwerk Leichte Sprache，2013）。

·允许以非数字方式使用优惠。

· 为数字产品使用者提供人工帮助。

· 将受影响群体纳入技术开发和讨论。

除了赢得声誉外，上述举措还可以开拓新的客户群或提高客户满意度和忠诚度。相反，强迫人们使用在线服务或排斥和歧视社会群体可能会导致声誉受损。

3.2.3 重塑尊重

企业可以采取负责任的行动与社会共享数据、数字技术和数字商业模式所创造的价值。尊重共同利益意味着在创造价值上给予社会“公平的份额”，进而有可能以负责任的方式应对“没有共同利益”的“副作用”（参见本书第2.2.3节）。

“诚实商人”指的是基于诚实、可靠、对经济和社会秩序负责等价值观的企业家指导原则。

> 该原则承认并对经济和社会秩序承担责任，致力于自由、社会安全、尊重人类尊严和反腐败。坚持诚信原则要求企业家诚实、忠诚地行事并考虑到他人的合法利益（Versammlung Eines Ehrbaren Kaufmanns，2019）。

今天，该指导原则仍对德国等一些国家的企业产生影响，并在工商会的法律基础中有所提及。这一指导原则必须在全球化和数字化的商业世界中发挥作用，而不是利用现有的监管漏洞。

企业可通过支持与数字商业模式和数字技术相关的税收模式转型而提升声誉，这可能意味着放弃税收优惠或做出税收牺牲，还可能意味着支持倡导“公平分享”的社会运动。面向公共利益的企业在这方面负有特殊责任，它们关心的是如何更好地开展业务并将其作为社会的积极力量（Gemeinwohlökonomie，2019；BLab，2021）。必须防止避税企业等在全球网络化的价值创造结构中的不公正行为破坏团结和正义的基本价值观。在这一领域，主要风险包括由于缺乏社会团体支持而造成的声誉损害、数据驱动商业模式的不公平“致富”、不纳税或少纳税，或通过游说阻碍对数字化商业模式的监管。

3.2.4 开放共享

以企业家负责的方式应对“集中而非共享”（参见本书第2.2.4节）意味着促进消费或共享消费的生产方面，以及通过数字平台解放消费者和减少资源消耗（“共享经济”）。

“共享经济”改变了消费者对所有权的看法，创造了一种新的互动形式。在“共享经济”商业模式中，客户可以按需访问产品而不是拥有产品。由于产品的“空闲时间”更少，这意味着使用效率更高。“产品即服务”模型的工作方式类似，但较少依赖其他用户的参与和良好行为（参见本书第 1.4.1 节）。但并非所有类型的分享都有利于共同利益。

许多企业通过社交分享商业模式来丰富自己，使部分实际经济受到影响（Malteser，2019）。

对企业而言，基于互联网的合作和协作平台上的“共享经济”中，持续的小规模客户反馈提供了利用外部资源和创新潜力提供服务和创造价值的机会。用户可以从外部促进产品优化，从而为创新收益做出贡献并降低不良开发的风险。例如，“Innonatives”平台提供以可持续发展为重点的开放式创新（Innonatives，2019）。开放式发展有助于创新、提高声誉并吸引人才。例如，开源企业在互联网上发布小家具或电子产品的生产说明（Lange and Santarius，2020）。生产商有机会通过发布数据、维修说明或部件施工计划来做出积极的生态贡献。通过这些措施可以延长产品的使用寿命。数字知识的发布增强了消费者和公民社会的力量，有助于数字可持续性（参见本书第 3.2.6 节）。对企业来说，这是一个产生积极声誉影响的机会。

点对点共享，即用户彼此共享和交换产品、服务或想法，提供了进一步提高声誉和客户忠诚度的机会。例如，德国 GLS 银行的“Futopolis”社区（GLS Bank，2019）。该社区推出了一些项目将维修作为一种文化竞争力，促进开源、开放知识或开放数据和“公共互联网”，上述内容可以在社会参与的过程中得到支持。声誉风险源于利用对用户的权力失衡阻碍可持续经济发展。而如果创新速度缓慢，竞争优势的丧失可能会导致经济损失。

3.2.5 驯服人工智能

以负责任的方式应对“什么都不会出错……出错……出错”（参见本书第 2.2.5 节）意味着限制和控制基于神经网络的人工智能和自主系统的开发和使用，以实现企业决策的自动化。这里的重点是所谓的弱人工智能。人工智能开发和使用中的自我约束可以确保消费者和公众之间的信任并提高企业声誉，具体措施包括：

· 人工智能辅助决策的人为控制和否决权。

· 算法使用的透明设计。
· 算法结果的独立验证。
· 成立决策公开的人工智能道德咨询委员会。
· 用户的信息权和反对权。
· 使用人工智能时与工会和社会合作伙伴进行公平谈判。
· 具备职业道德。
· （共同）开发人工智能使用的控制机制。

其他声誉机会包括将人工智能用于社区利益或可持续性。可以在这些项目的框架内建立负责任的人工智能专业知识。

在人工智能支持的场所工作时，通过人工智能决策侵犯员工或其他员工群体的个人权利，存在歧视、操纵消费者的声誉和市场风险。由于人工智能的紧密互联性，机遇和风险与建立数字素养和数据授权以及在线隐私保护密切相关（参见本书第 3. 2. 1 节、第 3. 2. 8 节和第 3. 2. 9 节）。

对弱势群体（如儿童、需要护理的人、残疾人）使用人工智能可能会造成重大声誉损害，因此只有进行有效性和伦理研究并得到伦理委员会的支持后才能使用人工智能。

未来不同应用领域和行业都将对人工智能的开发和运行进行监管。2017 年，仅谷歌搜索算法一项就调整了 2500 次（Bundesverband Digitale Wirtschaft, 2019）。披露算法的义务会泄露商业秘密并带来竞争劣势，合乎逻辑的措施是在开源项目中参与人工智能的开发。

如果不掌握社会伦理话语和政治发展的专门知识，企业家可能面临风险。

3. 2. 6 数字可持续性

以负责任的方式应对“数字不公”（参见本书第 2. 2. 6 节）意味着通过获取和可持续使用内部数字知识，即数据和算法等为公共利益做出贡献。如果数字知识不再为价值创造做出贡献，就可以得以开放和释放。

允许访问和使用数字化可用的企业资产和知识可以追求不同的战略目标：例如，在开放式创新项目中，使用产品消费者或创新“群体”的创新能力和愿望。其好处是更快地进行有针对性的创新和产品开发（参见本书第 3. 2. 4 节）。

根据开放源代码原则，初创企业、科学家或公民社会用户在开放许可证下访问内部收集或丰富的“数据池”旨在获得声誉。许可证的类型在数字可持续性项目中很重要，许可证应允许根据需要复制、使用和修改数据，如“知识共享署名 4.0 国际许可证”（CCBY 4.0）。通过开放数据分析和创新应用为社会带来数字可持续性好处，从而带来新的知识。这也可以理解为对公众社会的“回馈”，例如训练人工智能访问公共数据时，向社区提供“更有价值的”数据；例如，数字产品或服务达到生命周期的末期后可以访问和使用产品或服务手册，或者移除软件锁。这些数字可持续性措施延长了产品的生命周期（参见本书第 3.2.14 节），而企业的环境声誉也可能因此受益。

数字可持续性的成功例子包括关于知识的开源和开放数据项目（Wikipedia）、软件（Linux）、开放的硬件设计（Spark Fun Electronics）、越来越多的“FabLabs”或创新的去中心化促进项目。随着数字化进程的推进，作为公民社会需求的数字可持续性正在增强。拥有基于数据的商业模式的企业如果忽视社会的需求，可能会面临声誉风险。

3.2.7 工作场所的转型

以负责任的方式应对“跟随机器的节拍”（参见本书第 2.2.7 节）意味着以一种社会和个人盈利的方式塑造工作的数字化转型，并将雇主福利扩展到数字化工作场所的员工和其他利益相关者。对企业而言，通过接触专业人士及留住员工来保持业务绩效是工作场所转型的负责任表现。

将责任延伸到参与价值创造的所有力量，如个体户、项目工人、众包工人等。与所有企业数字责任措施一样，这超出了法律要求。人工智能或机器人辅助工作场所的员工保护和福利已扩展到数字世界，这是一种将人置于转型中心的文化和态度。正在实施的措施包括（CSR Europe，2018）：

· 限制数字化工作流程中外部劳动力的行为和绩效控制。

· 放弃个人数据的存储和分析。

· 公平对待众包员工的自我承诺。

· 数字职业安全健康和员工可用时间限制。

· 具备在数字化工作场所中从事未来工作的资格。

· 使用基于人工智能的“工作助理”时的员工参与。

· 工作过程中使用机器的人性化和社会化概念。

· 对员工的数据保护进行严格解释（不得通过所谓的自愿同意滥用权力）。

目前，已经有相关企业提出了在人力资源工作中负责任地使用人工智能或公平对待众包员工的建议（Ethikbeirat HRTech，2019），该建议适用于积极承担法律层面之外承担责任的企业。在处理雇员问题方面的自愿承诺的进一步发展和管辖权的变化是可以预期的。如果不负责任地改造工作场所，可能会带来员工动力和绩效降低的风险。在劳动力市场上声誉不佳可能会导致招聘困难。员工，尤其是那些没被长期受雇的员工，可能会终止与企业的合作。这对“老龄化”社会的成功至关重要，因为此类社会中一些行业已经缺乏熟练工人。如果员工的技术和能力无法适应服务、商业模式和工作方法的变化，其工作绩效也会降低。

平台模式很容易吸引众包员工，但如果有其他平台提供更好的工作机会，这些员工也可以快速地更换平台，高离职率和低门槛性质可能会成为一种创业风险。目前，平台运营商通过不可移植的“声誉资本”（例如良好的评价和优质的用户群体）能够实现双边用户的“锁定”——而可移植性和平台独立性是目前所讨论的监管机制。如今，平台员工之间的“团结4.0”究竟是什么样子尚不清楚。预计未来将会加强平台用工的监管或将其纳入劳动法。

3.2.8 数字世界中的个人保护

以负责任的方式应对“操纵和监视”（参见本书第2.2.8节）意味着通过设计数字产品和服务，尊重数字用户（尤其是儿童和其他受保护群体）的基本隐私权和尊严。这可以通过限制人工智能和机器人的使用场景来实现（参见本书第3.2.5节）。

如今，数据市场尤其是个人数据市场提供了有吸引力的商业机会。为了获得并维护用户或员工的信任（取决于应用程序），建议企业负责任地推动数据开发，而不是仅仅满足法律要求。可行的措施有：

· 限制对用户的数据跟踪、分析和评价。

· 未经明确同意不得收集用户数据，即使是出于“安全”目的。

· 为感觉受到歧视的用户提供申诉渠道。

· B2C平台交易中消费者责任的透明公开。

· 避免无意歧视，如通过算法发布针对性在线广告。

· 将利益相关者的观点和道德模糊性融入数字发展。

关键的机会是以人为本，推动负责任的数字化，从而赢得声誉。建立用户档案并以此盈利的商业模式存在风险，此类企业可能会被质疑侵犯信息自决权、隐私权和人权。对企业来说，公众信任和“经营许可证”关系重大。随着数字技术的发展，对于违法行为的定义可能正在发生变化，社会正在权衡个人和集体的利益。跟踪这些变化及其对商业决策的影响是数字企业前瞻性风险管理的一部分。可以预期的是，除了进一步的监管外，诸如 AlgorithmWatch 或欧洲数字权利网络等民间社会组织将在未来提供进一步的透明度（AlgorithmWatch und Bertelsmann Stiftung 2019；EDRi，2021）。对企业来说最大的风险是失去用户信任或失去优质员工招聘的机会。我们建议数字企业在设计和开发服务时尽早整合不同利益相关者的利益（Dörr and Paderta，2019）。

3.2.9 数据授权

以负责任的方式应对“滥用客户数据”（参见本书第 2.2.9 节）意味着尊重用户的数据主权，加强数字消费者保护，并将数据控制权交给作为“数据提供商”的用户。这是获得信任，从而获得用户和细分市场及用户忠诚度的重要创业机会。负责任的行为可以使企业在竞争者中脱颖而出，从而获得战略竞争优势。

越来越多的企业通过存储和分析数据来改善自身服务或实施新的数字商业模式，这些企业正在展示如何负责任地处理客户数据（“数据管理”），以及处理这些数据的透明度（“数据透明度”），将数字主权移交给客户和用户（“数字授权”），并增加用户因共享数据而获得的利益（“数字资产”）（Cooper et al.，2015）。

企业的重点不是坚持当今数据经济下收集数据的“粗暴方式”，而是让用户有意识地决定收集并分析哪些数据。为此，“互联网之父”蒂姆·伯纳斯·李在 2018 年推出了“Solid”软件项目，旨在通过严格区分互联网上的内容和应用程序，将数据所有权还给用户，且用户能够在不同的应用程序之间“发布并转移”他们的数据，并了解他们发布了哪些数据（CSAIL-MIT，2019）。Hu-Manity 平台”希望实现用户对个人数据的随时控制，该平台正利用区块链创建世界上第一个分散化应用程序。从这些发展趋势中可以预测，当前数字化场景中用户处于弱势地位的情况可能发生改变，未来的数字技术会更“注重民主”（Hu-Manity，2019）。

企业在产品和软件开发中可以实现设计隐私和数据最小化原则，如在安装应用程序或首次使用硬件设备时，用户必须授权激活以存储数据，且允许用户撤回对追踪个人数据的授权或清除个人数据。为了显示处理用户数据的公平性和法律合规性，这些措施可以由独立的第三方进行验证。目前尚无这方面的专业的私人认证机构，因此也没有评估和确认符合 GDPR 的标准（Stiftung Datenschutz，2018）。例如，智能家电的可信证书正在开发中，该证书旨在通过类似于家用电器能效标签的简单系统向消费者提供设备隐私性、透明度、安全性、稳定性和开放性的五个信任维度的信息（ThingsCon，2019）。

不遵守数据授权这一需求的主要风险是用户信任的丧失，从而导致销售和利润的下滑。脸书尽管存在数据保护丑闻，但这种影响（目前）还无法显现。2018年，脸书的收入增长了约 150 亿美元，达到略低于 558.4 亿美元的峰值（Statista，2019）。

3.2.10 人性化设计

以负责任的方式应对“对社区和福祉的压力”（参见本书第 2.2.10 节）意味着促进积极的人际互动和沟通，并通过社交网络和移动应用程序加强民主。

开发社交网络应用程序和面向消费者的移动技术的企业面临着压力，不仅要确保增长和利润，还要消除产品使用对社会的负面影响。已经有很多企业退出社交网络的突出例子。此领域的创业机会来自声誉提升、维护“经营许可证”和客户忠诚度。

企业有机会从社交媒体中尊重沟通的角度来解释社交网站内容的审核和删除的法律要求。它们可以支持替代社交媒体应用程序或专注于加强个人交往的应用程序（Naumann，2018）。在开发应用程序时，可以考虑“以人为本的设计”，如根据“人性化设计指南”的原则（Center for Humane Technology，2019）。这些是：

· 感受：设计为人带来平静、平衡、安全等感受。

· 注意力：可以带来注意力的集中。

· 意义：有助于衡量、学习、表达和感觉。

· 决策：允许用户根据目的和明确意图而自由选择。

· 社交：与他人建立更安全、更真实的联系。

· 群体动力：有助于培养归属感和合作感。

人性化设计的基础是对数字产品和服务进行价值敏感的设计，使开发者和决策者敏感地认识到不同社会群体中复杂而矛盾的影响。技术开发项目可以由社会参与，也可以由利益相关者直接参与（Wertelabor，2019）。

企业应采取措施积极反对谴责和歧视，反对“过滤泡沫”、假新闻以及激进评论等。媒体企业在这一行动领域起到特殊的带头作用。例如，2018 年，德国五大媒体集团 Springer、Bauer、G+J、Funke 和 Burda 联手签署了“真实媒体议程”以打击假新闻和仇恨言论（Schwegler，2018）。

非人性化的设计带来的主要商业风险包括失去公众信任、因违反消费者或儿童保护而造成声誉损害或对民主的损害。

3.2.11 生态创业和社会影响

以负责任的方式应对“沮丧的‘一切照旧’”（参见本书第 2.2.11 节）意味着促进可持续发展和/或社会创新的数字商业模式，并加强其“为了更美好的世界”而开展业务的能力。实质上，创新可以突破现有商业领域，而克服愿景障碍的企业家的“大脑”至关重要。近年来，许多企业利用这一优势在“数字初创企业”（未来潜在竞争对手）中持有股份，从而参与创新商业理念。对于企业来说，这提供了获取专有技术、创新和新市场的机会。如果创新重点是可持续性或社会影响，则可以提升企业声誉及招聘优势。经济目标和声誉收益的结合使这一行动领域对企业更具有吸引力。

相应地，数字社会创新旨在通过数字技术的使用来满足社会需求，如更可持续的个人流动性、负担得起的医疗服务、随时随地的援助或社区互助服务。企业社会责任实践的创新以可持续发展为导向。对于正在进行数字化转型的企业来说，这可能是一个出于社会而非技术原因推动创新的机会（Acatech，2018）。与技术创新方法不同，数字社会创新始于一个“真正的问题”和一群有具体个人需求的人。然后，来自服务设计与开发的方法，如设计思维，经常被应用于寻找可扩展的解决方案。科技公司可以提供他们的技能和基础设施来支持这一社会创新过程（Holtgrewe et al.，2017）。

企业面临的风险是经济风险：不追求和评估数字创新以及社会和可持续创新，并适时积累相关专业知识，对于企业的中长期成功至关重要。由于不确定性或目标群体太小，也存在不良投资的风险。

3.2.12 可持续发展目标的技术部署

以负责任的方式应对“是否能够相信技术能带来可持续发展的真正机会”（参见本书第 2.2.12 节）意味着在开发和使用数字技术以及利用新的商业机会时加强数字技术对可持续发展目标的积极影响。随着 2015 年可持续发展目标的公布，所有企业都被明确要求利用其创造力和创新潜力来应对可持续发展的挑战，包括使用代表着未来商业机会的数字技术。例如，使用能源效率、可再生能源和能源储存或“绿色建筑”领域的创新技术来节约能源，使用信息通信技术和物联网减少排放和废物，或使用医疗、教育、营养等领域的新产品和服务来改善人们的生活等（GRI、UN Global Compact and the WBCSD，2018）。创新的科技或IT公司和数字初创公司可以利用经济机会开发可持续性产品。他们可以为公司和社会发展出一个“商业案例”，作为一个经济机会和社会声誉收益。公司和大型企业已经采取了这一措施（IBM，2018；Microsoft，2019a）。但是，对于中小企业来说，这类可持续性报告只起到从属作用。

在开发或使用数字技术时，企业可以通过在可持续发展报告中突出其对实现可持续发展目标的贡献来获得竞争优势。实现这一目标的先决条件是内部透明，了解数字产品或价值创造如何为可持续发展目标做出贡献。到目前为止，这在可持续发展报告中不是必需的，但联合国和欧盟正在呼吁企业为对持续发展目标承担社会责任，越来越多的投资者也更加重视这一点（2019年全球电子可持续发展倡议）。

创业风险包括没有抓住上述市场机会，因此无法根据不断变化的社会需求进一步调整企业发展方向与策略。与竞争对手相比，未能提高企业的声誉也可能导致在公众或投资者眼中处于竞争劣势。

3.2.13 道德营销

以负责任的方式应对“消费4.0”（参见本书第2.2.13节）意味着从环境和气候保护以及用户隐私和数据保护方面重新调整在线广告和营销策略。

这要求以生态、伦理和关系为导向调整营销策略，避免由于消费和经济高速增长而导致的资源和能源的消耗增加。

对企业而言，可以通过有道德原则的营销将自己与其他企业区分开来，获得声誉优势并吸引以可持续发展为导向的消费者群体。极简主义、减少消费是时尚的生活方式。以可持续性为导向的“道德”在线营销和广告策略可以包括：

· 避免发布不实广告。

· 尊重用户的时间和注意力，避免发布过多在线横幅和广告。

· 避免进行客户跟踪、再营销和跨平台广告。

· 避免有可以引导性的按钮。

·促进减少在线消费。

上述措施有助于帮助注重产品可持续性、公平性或本地生产的企业建立声誉和客户忠诚度（Gossen and Frick，2018；Keilholz and Stakenborg，2019）。如果无法及时识别变化趋势并将其整合到产品政策和营销中，企业可能面临声誉和客户损失的风险。

3.2.14 零浪费

以负责任的态度应对“循环经济：只是一个魔术?”（参见本书第 2.2.14 节）是指将数字化作为延长资源和产品生命周期、构建创新的循环经济商业模式的一种手段，以实现对气候和环境保护的贡献。

生产过程的数字化进程作为“工业 4.0”的一部分，也可以针对“循环经济”进行调整（Sühlmann-Faul and Rammler，2018）。企业因此可以获得新的机会来节约资源，为环境和气候保护做出贡献，并树立作为创新公司的声誉。

起点是改进和避免浪费的产品设计和开发新的商业模式。艾伦·麦克阿瑟基金会的循环设计指南支持这一过程，如指导发展循环经济或确保利益相关者参与循环解决方案（Ellen McArthur Foundation，2019）。在“闭环”商业模式中，制造产品的材料通过生产系统不断循环利用，从而减少生产系统中的浪费。无法消除的元素被回收、再利用或生物降解和堆肥。

提高产品的可修复性以便通过维修有缺陷的设备来替代更换新设备。这一发展方向颇具潜力，2011 年，维修服务市场在德国新产品市场中的份额小于 1%（Wilts，2016）。与创客空间、FabLabs 或 Repair Cafés 的合作可以作为教育项目，在社会上培养相应的维修技能，或支持企业家。生产者责任延伸的发展也有可能。例如，生产商和制造商自愿向维修店交付备件和透明维修信息并以此获得声誉。

消费者对环境和气候损害的敏感度显著提高，如果企业不主动减少废物和垃圾，或在生产过程中不使用可回收物，就会造成声誉损害，而企业的塑料零浪费战略将满足社会的需求（Heinrich Böll Fundation，2019）。

3.2.15 数字技术的生态足迹

以负责任的方式应对“更多温室气体和电子垃圾”（参见本书第 2.2.15 节）意味着管理企业直接和间接使用信息通信技术的“生态足迹”。这种足迹在数字化过程中不断增加，并减少负面影响。在欧洲，社会对气候和环境保护的敏感性显著提高。2020 年，91%的公民认为气候变化是欧盟面临的一个严重问题。企业被要求减少温室气体排放，使用可再生能源，并为实现全球气候目标做出贡献。

数字化企业可以通过选择绿色的互联网服务提供商、网络托管和云服务提供商以及启用“绿色数据中心”，为环境和气候保护做出贡献。IT 和 ICT 供应商可以通过提供“碳中和”的生产和运营来支持其用户保护气候。而目前市面上仍无法购买真正可持续生产的智能手机、硬件和计算机。除了生态可持续性，IT 硬件生产和原材料提取还必须考虑社会可持续性（参见本书第 2. 2. 15 节）。在生态和经济上，延长硬件使用时间是可持续的。通过翻新不再需要的硬件并可能将其提供给社会项目进行修复和维修，可以避免电子垃圾的产生。在使用传感器和智能设备时，不仅要注意安全性和数据保护，还要注意稳健性和技术寿命，目前正在开发智能设备的创新评估流程（Thingscon，2019）。为了控制数字化的这些影响，需要在价值链上持续平衡能源消费，通过数字化支持的循环经济实现减排、使用可再生能源和节约资源的目标（《2011 年温室气体议定书》；Wilts and Berg，2016）。

总而言之，表 3-1 展示了数字责任集群及其简要的说明。随着对企业数字责任的定位逐渐清晰，数字化时代下的企业社会责任内容体系开始系统化，企业需要对特定的风险和机遇进行评估以采取进一步的战略措施。

第 4 章　就这么做！在公司实施企业数字责任

本章介绍了在公司中实施企业数字责任的方法，首先从管理层的角度进行战略分类，并通过企业数字责任确定企业潜力。其次讨论了如何将现有的企业社会责任工具用于企业数字责任，如《联合国全球契约》《经济合作与发展组织跨国企业准则》或 ISO 26000，并提出调整利益相关者和重要性分析的建议。再次，本章还列举了 12 家公司的“数字”自愿承诺，这些承诺可用于显示企业外部的企业数字责任。最后，本章介绍了如何通过创新方法和商业模式开发来促进有责任感的数字创新。

4.1　从战略角度思考数字责任

企业社会责任、可持续发展和数字化代表了一系列抽象的主题，可能具有分散的目标。例如，许多相互联系、歧义、复杂的行动机制、社会差异和未来方向。

证实企业在市场和竞争方面的重要性是成功的企业社会责任和可持续性管理的先决条件，包括对公司战略和市场或竞争形势的说明，以及从利益相关者角度对环境、社会和道德方面的分析。

4.1.1　商业领袖应该问自己的 14 个问题

企业领导人和决策者应该在数字时代要求自己与为适应企业战略而编制的指导性原则保持一致。表 4-1 对这些原则进行了总结。这些关于商业机会和风险、沟通、品牌、客户、领导力等的问题可以构成调整商业战略的基础，也可为企业数字责任战略或企业社会责任战略的扩展提供动力，有助于提高管理层对企业数字责任的认识。

表4-1 数字时代企业领导者关于战略发展的14个问题

序号	问题
1	数字化转型如何在新风险和机遇方面影响负责任的商业流程？
2	我们希望品牌实施怎样的数字转型活动，以及如何推动进步和沟通？
3	如果不能实现全面的数字转型，哪些价值观会面临风险？
4	我们的企业如何发展和塑造数字时代？
5	我们的企业如何在数字时代表现出领导力？
6	我们如何通过品牌或目标来沟通，以便在数字时代负责任地行事？
7	我们的企业如何分析和管理未来风险，以确定数字时代的增长机会？
8	我们的企业如何确保治理和内部指标支持项目的可持续性？
9	在数字时代，我们的企业如何保护、支持和用户并向用户授权？
10	我们的企业如何让员工做好准备，迎接工作性质的变化？
11	我们的企业如何通过提供数字产品对环境产生更积极的影响？
12	我们的企业如何（以数字方式）提供服务于社会的创新产品和服务？
13	我们的企业如何使用数字工具来促进透明、包容和生产性的价值创造？
14	我们的企业如何更好地与政策制定者、公民社会参与者和行业内其他企业合作以共同应对数字时代的挑战？

资料来源：Business in the Communilty（2017）。

4.1.2 识别企业数字责任的潜力

如果企业社会责任与核心业务及其带来的价值和损害直接相关，那么企业社会责任可以成为企业的战略价值驱动力。“数字责任检查”在下文中可用于确定企业数字责任对企业的战略潜力。

在此步骤中，首先应根据与企业核心业务的接近程度来评估各个数字责任集群，即所谓的业务匹配度。与核心业务的接近程度表明潜在社会需求与核心业务机会相关的程度，该评估为定性评估，可用如下标准区分：

- 0：完全不接近。
- 1：接近程度较低。
- 2：接近程度中等。

·3：接近程度较高。

·4：完全接近。

这种评估已成为形成战略意见的一部分。为了使评估客观化，可以由一些专家独立地进行评估然后对结果进行讨论。图 4-1 可用作可视化结果的辅助工具。

数字责任集群的业务匹配

公司		方法
1	数字成熟度	⊕
2	数字多样性	⊕
3	重塑尊重	⊕
4	开放共享	⊕
5	驯服人工智能	⊕
6	数字可持续性	⊕
7	工作场所的转型	⊕
8	数字世界中的个人保护	⊕
9	数据授权	⊕
10	人性化设计	⊕
11	生态创业与社会影响	⊕
12	可持续发展目标的技术部署	⊕
13	道德营销	⊕
14	零浪费	⊕
15	数字技术的生态足迹	⊕

责任集群与核心业务的契合度：无完全不契合；低度契合；中度契合；较为契合；完全契合

图 4-1 数字责任集群的业务匹配

资料来源：笔者整理。

除了评估核心业务的机遇外，还可以针对每个数字责任集群确定核心业务面临的挑战，进而识别风险。将责任集群作为风险管理的一部分进行评估可以实施降低或转移风险。

目前可评估每个数字责任集群的成熟度（参见本书第 3.1 节）与机会导向的核心业务的契合度，这构成了确定企业数字责任潜力的基础，通过企业数字责任潜力可以证明战略竞争优势的合理性。

四个不同的领域拥有不同的战略行动建议。每个单独的责任集群可以根据两个标准绘制在矩阵中，并位于四个象限中（见图 4-2）。行动建议如下所示：

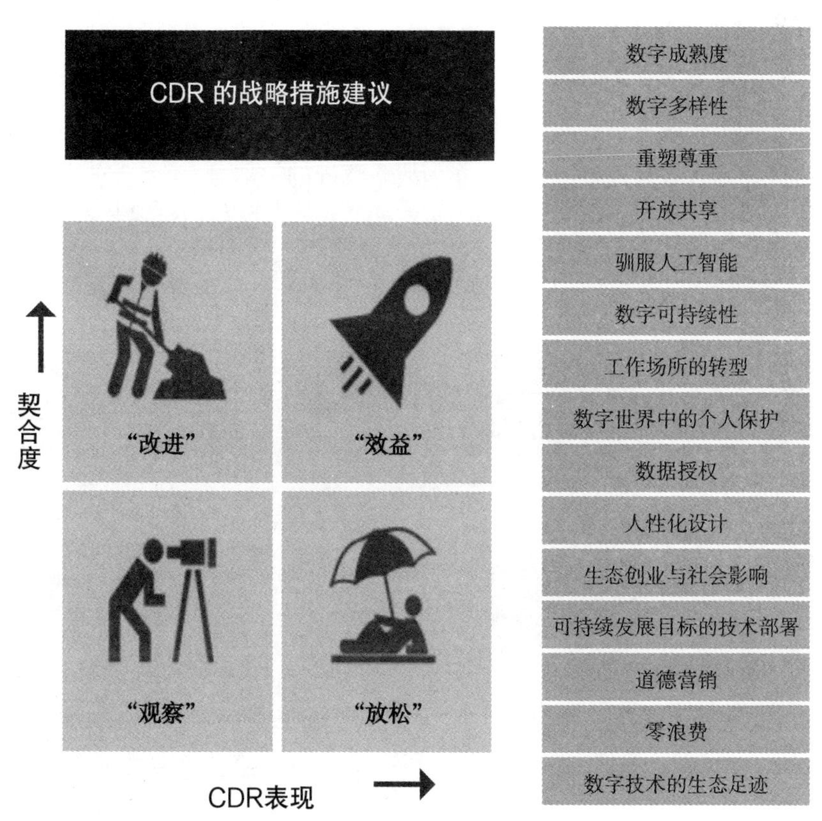

图 4-2　CDR 的战略措施建议矩阵

资料来源：笔者整理。

· "效益"：凭借高绩效和高业务契合度获得高竞争优势潜力，这种潜力应该在各个层面上加以利用（见图 4-2 右上象限），可利用"数字可持续性商业案例”验证是否能够实现或预测经济优势。

·“改进”：如果当前绩效较低但业务契合度较高，则可通过改进承诺提高企业数字责任绩效（首先需要利用“数字可持续性商业案例”确定数字责任集群的优先级）（见图 4-2 左上象限）。

·“放松”：如果当前绩效较高但业务契合度较低，则这些集群应该缩减，因为可以假设“数字持续性商业案例”的经济效益较低（见图 4-2 右下象限）。

·“观察”：如果责任集群表现出低绩效和低业务契合度，最初不需要采取行动。但是，建议每隔一段时间对其进行观察，以免其成为“盲点”（见图 4-2 左下象限）。

图 4-2 可用于收集可视化公司的结果，并作为工作辅助工具。

对于企业来说，其利益相关者对社会、生态和数字伦理问题的重视至关重要。世界上 80%的大型企业已经明确了这些主题在其报告中的重要性（KPMG，2014），这些都被整合到战略流程和报告中。作为战略流程的一部分，“数字责任检查”的定性方法可以被定量方法取代，如作为重要性分析的一部分，对利益相关者进行系统调查，从公司内部和利益相关者的角度评估主题的重要性（见图 4-3）。

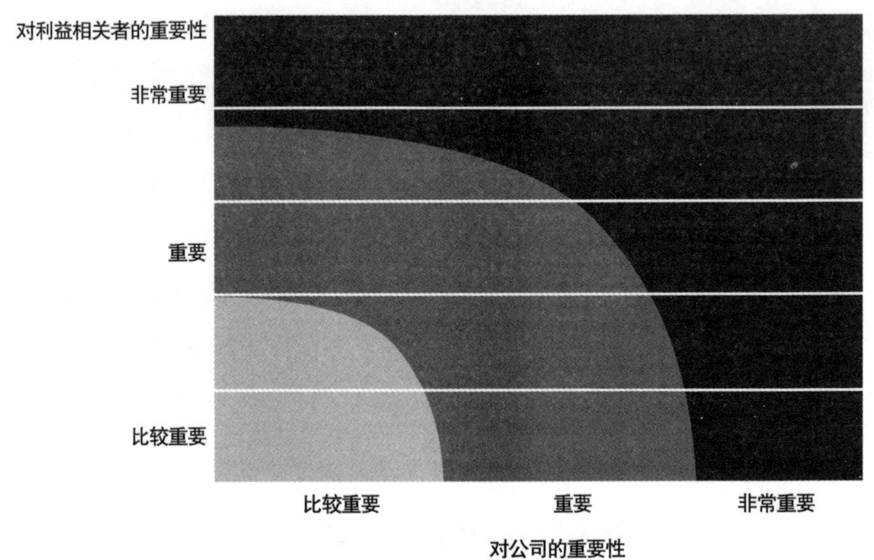

图 4-3 重要性评估矩阵

资料来源：笔者整理。

数字责任集群和“数字责任检查”的结果可以为企业社会责任的扩展提供（更详细的）实质性分析主题。

4.2　如何构建企业社会责任

数字时代企业领导者关于战略发展的14个问题表明企业转型及其社会责任十分广泛，而“数字责任检查”揭示了业务活动中存在的差距，企业的社会责任必须做出改变，这随即出现了新的问题：如何构建企业社会责任？

4.2.1　在数字时代使用企业社会责任工具

对一家负责任的企业来说，其原则不会因数字责任的改变而改变，这些原则包括问责制、透明度、道德行为、尊重利益相关者的利益、尊重法治、尊重国际行为标准以及尊重人权（Bundesministerium für Arbeit und Soziales，2011）。由于企业数字责任是企业社会责任基本概念的延伸，因此有效的企业社会责任管理工具和方法有望被应用于企业数字责任。

问题在于，企业已使用的现有企业社会责任工具是否以及在多大程度上可以用于负责任的数字化。责任的缺失是否会妨碍将数字社会责任整合到企业社会责任管理中？企业社会责任工具如何适应数字化的可持续性问题？关于企业社会责任，最重要的相关文件和国际公认的参考文件是《联合国全球契约》《经济合作与发展组织跨国企业准则》和ISO 26000，这些文件是更深入考虑的基础。

《联合国全球契约》是国际广泛存在的企业自愿承诺和社会责任工具，企业遵守联合国制定的十项原则并定期报告进展情况。该契约于2000年出版，有来自145个国家的7000余家企业参与。《经济合作与发展组织跨国企业指南》是针对签署《经济合作与发展组织国际投资和跨国企业宣言》的34个经济合作与发展组织国家和12个非经济合作与发展组织国家的跨国企业提出的建议。各国政府为各自的企业发布了不具约束力的负责任行动建议，可以通过投诉程序解决企业的不当行为。与其他两个文件相比，该文件的作用范围较为有限。ISO 26000为组织和企业提供了建立社会责任的指导方针，而企业社会责任可作为对可持续发展的贡献。该国际标准是在90多个国家的利益相关者程序的基础上制定的，并于 2011 年发布，该标准已成为 60 个国家的国家级标准。

这三种企业社会责任工具都旨在进一步推动可持续的商业实践，但是在如何实现这些目标的问题方面尚存在分歧。《经济合作与发展组织跨国企业准则》为企业提供了一种工具，使企业为其活动的负面影响承担责任。ISO 26000 为企业如何以对社会负责的方式行事提供了具体指导，而《联合国全球契约》将自身视为一个平台，为企业提供展示其良好行为的机会（Theuws and van Huijstee，2013）。

就内容而言，这三种企业社会责任工具涵盖了广泛的企业社会责任范围，包括人权、利益相关者参与、劳工权利、环境、经济、透明度、地方发展和科学技术等。

在欧洲，《联合国全球契约》是这三种工具中最重要的一个。200 家大型跨国企业中有 32%以此为参考，10%参考《经济合作与发展组织跨国企业准则》，而只有 5%参考 ISO 26000。然而总体来看，只有 40%的企业使用这些工具（European Commission，2013）。

企业社会责任工具的有用性分析。关于责任方面与数字责任集群的研究表明，很大程度上可将数字责任整合到现有企业社会责任工具中，但企业社会责任工具也应或多或少地进行完善以适应数字化。结果汇总如表 4-2 所示。

表 4-2　将数字责任集群映射到《联合国全球契约》、ISO 26000 和《经济合作与发展组织跨国企业准则》

		责任方面							
		人权	利益相关者参与	劳工权利	环境	经济	透明度	地区发展	科技
数字责任集群	数字成熟度							X	
	数字多样性	X							
	重塑尊重					X		X	
	开放共享					O			
	驯服人工智能		O				O		OO
	数字可持续性								OO
	工作场所的转型		X						
	数字世界中的个人保护	O							
	数据授权					X			

续表

		责任方面							
		人权	利益相关者参与	劳工权利	环境	经济	透明度	地区发展	科技
数字责任集群	人性化设计							X	
	生态创业与社会影响					X			
	可持续发展目标的技术部署	0	0	0	0	0	0	0	00
	道德营销					X			
	零浪费				0				
	数字技术的生态足迹				X				

注：X：完全覆盖；0：基本覆盖；00：部分覆盖；空白：未覆盖。

企业社会责任工具的映射结果。15 个数字责任集群中的 9 个已可以映射到现有企业社会责任工具中，这 9 个集群分别为数字成熟度、数字多样性、重塑尊重、工作场所的转型、数据授权、人性化设计、生态创业与社会影响、道德营销以及数字技术的生态足迹。因此，企业数字责任措施可大致整合到企业社会责任工具中。

数字成熟度这一集群可映射到“地区发展”的责任方面，尤其是映射至 ISO 26000 核心主题“社区参与和发展”的“社会投资”中（International Organization for Standardization，2010）。《联合国全球契约》和《经济合作与发展组织跨国企业准则》没有涉及地方发展这一责任方面。

由于数字世界是文化生活和科技进步的一部分，有关数字多样性的措施可以映射在“人权”这一责任方面。参与数字化活动是一项普遍的人权（参见 1948 年联合国《世界人权宣言》第 27 条“文化”）。在信息自由的背景下，通过互联网获取信息并访问网络也被理解为一项一般人权（United Nations，2016）。

重塑尊重措施致力于通过税收和透明度实现共同利益，可以映射至经济和透明度两个责任方面。《经济合作与发展组织跨国企业准则》从税收合规和通过税收规避风险的角度处理纳税问题。在 ISO 26000 中，创造价值和收入（包括税收责任）被纳入“地区发展”主题中（International Organization for Standardization，2010）。

关于工作场所的转型的措施可被映射至“劳动权利”责任方面。ISO 26000

明确指出组织的责任超出了直接员工的范围（International Organization for Standardization，2010），还涉及组织内的自由职业者。需要注意的是，自由职业者并不总能得到应有的保护和权利，这与众包工作有关。制定该措施旨在保护员工的个人数据，并使企业无法从对合作伙伴、供应商或分包商的不公平、剥削或虐待劳动行为中获益（International Organization for Standardization，2010）。这基本上涵盖了数字控制和操纵或剥削"数字临时工"的问题。对于这个集群，《经济合作与发展组织跨国企业准则》在制度层面上仍然相当笼统，《联合国全球契约》则对劳工权利作出了声明。对企业社会责任工具的修订可以解决"商业"雇佣关系的重要性以及数字经济权力严重失衡的问题。

与数据授权相关的业务活动可以映射到经济这一责任方面。《经济合作与发展组织跨国企业准则》和 ISO 26000 均提及了用户数据保护，而《联合国全球契约》未涉及这一责任方面。

人性化设计意味着利用社交媒体和数字技术使社会更加团结和民主。ISO 26000 中的"地方发展"责任方面概述了促进民主和公民价值观、社区福祉和个人生活质量（International Organization for Standardization，2010）。《经济合作与发展组织跨国企业准则》和《联合国全球契约》没有详细说明这一点。对责任工具的完善可以解决由社交媒体对民主和社区压力的明显负面影响而导致的责任变化。

生态创业和社会影响集群旨在通过新的商业模式促进可持续消费和社会创新，这与"经济"方面中提到的企业促进可持续消费和消除不可持续的消费和生产模式的期望相一致（International Organization for Standardization，2010；OECD，2011）。《联合国全球契约》未涉及此责任方面。

道德营销集群同样可映射至"经济"责任方面，尤其可映射至公平营销、公正信息、可持续消费、教育以及增强意识等领域。ISO 26000 和《经济合作与发展组织跨国企业准则》都提供了这方面的信息，而《联合国全球契约》未涉及这一主题。完善社会责任工具时需考虑由数字化而增加的消费、资源和能源需求，同时需提高消费者对反弹效应的认识。

硬件、数据中心和网络服务的增加使数字化消耗更多能源，因此数字技术的生态足迹集群与责任方面中的"环境"相对应。ISO 26000、《经济合作与发展组织跨国企业准则》和《联合国全球契约》规定了企业减少其负面环境和气候影响的总体期望。由此可以明确得知，未来信息技术所占份额对企业来说

将更加重要。

数字责任集群中开放与共享、数字世界中的个人保护和零浪费使企业社会责任工具中“人权”“经济”和“环境”三个方面增加了消费者的可持续共同设计或共同制造、保护“透明用户”等具体内容。而驯服人工智能、数字可持续性、可持续发展目标的技术部署三个数字责任集群很难完全映射至现有的企业社会责任工具责任方面。因此，必须在更大程度上对企业社会责任工具进行补充。

数字平台带来的产消者解放对于数字责任集群中的开放与共享至关重要。ISO 26000 涉及“经济方面”的教育和信息，还提到了消费者的“赋权”（International Organization for Standardization，2010）。《经济合作与发展组织跨国企业准则》指出应教育消费者以使其能够做出更好的消费决策，而《联合国全球契约》不涉及此方面。以分散的方式将生产掌握在自己手中的积极消费者尚不存在，因为只有数字平台经济的商业模式才使其成为可能。上述企业社会责任标准可完善此方面内容。

基于《世界人权宣言》第 12 条，各方有义务全面保护人民的自由和隐私，包括个人的完整性及其身体和意志的不可侵犯性。因此对数字世界中个人保护的承诺可以映射至“人权”责任方面。《世界人权宣言》第 19 条“信息自由”中补充道，“人们在网上和网下享有同等权利”（United Nations，2016）。所有三种企业社会责任工具都对这一责任方面做出了声明。数字化为未经授权地“筛查”人员、商业化和操纵行为带来了新的可能性，必须在人权的背景下具体讨论这些问题。

零浪费就是最大限度地节约主要资源并使其保持循环，此集群可映射至“环境”这一责任方面。ISO 26000 中包含资源的可持续利用、生命周期理论、通过“产品—服务—系统”实现“非物质化”等议题，共享经济下的数字平台涉及上述内容（International Organization for Standardization，2010）。正如《经济合作与发展组织跨国企业准则》所指出的，环境保护的重点是资源效率。目前的企业社会责任标准中缺少“零浪费”“循环经济”等内容，应对其进行相应的补充。

驯服人工智能是指企业在开发和使用数字技术时采取“合乎道德”的行为。如今所有行业的企业都受到技术和创新的驱动，因此这并不仅仅涉及 ICT 或 IT 行业。对道德价值的自我承诺是三种企业社会责任工具的基础。可以通过利益相关者对话和透明度报告确定利益相关者的要求。因此，数字责任集群可以映射为责任方面的“利益相关者参与”和“透明度”。ISO 26000 在“透明度”“利益相关者识别和参与”和“整个组织整合社会责任指南”章节中直接提到了道德规范（International Organization for Standardization，2010）。《经济合作与发展组织跨国企业准则》提到了企业在这方面的自愿承诺（OECD，2011）。此外，这两种企业社会责任工具都希望促进“技术”这一责任方面的技术开发、获取和传播。数字化的特殊性使社会性话语明显滞后于技术经济发展。企业社会责任工具应该约束企业避免利用这种“道德差距”进行经济剥削。

数字可持续性指的是数据和算法的可持续使用，可以映射至“技术”责任方面。《经济合作与发展组织跨国企业准则》指出可通过使用权转让和技术转让来促进可持续发展（OECD，2011）。ISO 26000 希望企业“在经济上可行的情况下，采取允许技术转让和扩散的做法”（International Organization for Standardization，2010）。上述社会责任标准中未明确提出通过放弃自己的权利（如数据）来促进共同利益和可持续性，企业社会责任工具的现有方法必须扩展并更加具体，以考虑数字可持续性。

可持续发展目标的技术部署集群可部分映射至“技术”责任方面。ISO 26000 明确阐述了企业被期望通过创新技术为解决社会和环境问题做出贡献（International Organization for Standardization，2010）。ISO 26000 明确阐述了企业被期望通过创新技术为解决社会和环境问题做出贡献（International Organization for Standardization，2010）。ISO 26000 中指的是地方社区，社区的概念应延伸到具有可持续发展目标的全球社区。在当前的社会讨论中正逐步要求将技术发展置于可持续性目标之下。《经济合作与发展组织跨国企业准则》和《联合国全球契约》都应对此加以扩展，并应明确要求企业通过技术发展和创新为实现可持续发展目标（及其他目标）做出贡献。此外，可持续发展目标的技术部署是一个贯穿各领域的问题，可能会影响到企业社会责任的所有责任方面。

企业社会责任在人权、利益相关者参与、劳工权利、环境、经济方面、透明度、地方发展和科学技术等方面的结论也适用于企业数字责任。现有的企业社会责任工具可以作为企业数字责任的“蓝图”，并需纳入新的内容以涵盖企业数字责任。上述标准均已发布多年，缺少有关数字发展和企业数字责任的具体内容，为适应数字时代，这些内容必须添加到未来的企业社会责任工具中。

然而对于使用这些（或其他）企业社会责任工具的企业和组织来说，企业社会责任工具尚未完成的调整并不是整合其企业数字责任承诺的障碍：现有工具已经提供了足够的支持。

除了现有的企业社会责任工具外，“数字自我承诺”的方法已经在企业数字责任的实施中发展起来。除了现有的企业社会责任工具外，企业数字责任的“数

字自我承诺”也已经在开发中。其中一些已在所属责任集群中被提及，介绍新的利益相关者之后将同时介绍这些承诺。

4.2.2　涉及新的利益相关者

新的数字责任集群将新的话题“提上议程”，这些话题对企业和 CR 部门来说可能是全新的。在进行利益相关者或重要性分析以便更好地理解社会需求时，企业依赖于与相关利益相关者群体的对话。对话可以成为与民间社会组织建立战略伙伴关系或结盟的起点。表 4-3 以德国社会参与者为例，展示了数字责任集群中社会利益相关者的多样性（不同国家或地区的实际情况可能有所不同）。

表 4-3　企业数字责任中的社会利益相关者

数字责任集群	利益相关者（示例）
数字成熟度	数字社会 数码科技信息保护组织 德国基金会联邦协会 D21 倡议协会 “德国安全网” 国家电子政务能力中心
数字多样性	社会和福利组织 工人福利组织（AWO） 《行动人类》倡议 妇女权利组织 残疾协会 国际合作协会（GIZ） 国际电信联盟（ITU）
重塑尊重	工会 德国工会联合会 纳税人协会
开放共享	开放知识基金会 开源倡议 D64 数字中心 维基媒体 消费者中心联邦协会 德国消费者协会 社会组织 Runder Tisch Reparatur 组织 Cafe/Maker Space/FabLab/Do-It-Yourself 运动

续表

数字责任集群	利益相关者（示例）
驯服人工智能	德国“人工智能”研究中心 奥斯纳布吕克大学认知科学研究中心 慕尼黑工业大学伦理研究所 新责任基金会 “Cyber Valley”研究组 D21 倡议协会
数字可持续性	德国环境与自然保护联合会（BUND） 混沌电脑俱乐部（CCC） 德国自然保护协会（DNR） 和平与社会计算机科学家论坛 德国开放知识基金会（OKF）
工作场所的转型	工会 汉斯·伯克勒基金会 欧洲企业社会责任协会 贝塔斯曼基金会
数字世界中的个人保护	CC 俱乐部 数字版权协会 新责任基金会 德国伦理委员会 权利实验室
数据授权	数据保护基金会 数字社会 消费者保护组织 信息经济协会（SRIW）
人性化设计	媒体协会 联邦公民教育局 教育数字化论坛 阿马杜·安东尼奥基金会 KMK 教育和文化事务部长会议 开放知识基金会 Telefonica 基金会 德国伦理技术与人文设计社区
生态创业与社会影响	赫蒂基金会 社会企业家 社会创业公司 绿色和平组织 德国手表 气候协会 创新与可持续发展研究所

续表

数字责任集群	利益相关者（示例）
可持续发展目标的技术部署	联合国全球契约网络 环境与发展论坛 世界野生动物基金会 可持续发展和可持续发展数字能力平台 贝塔斯曼基金会 全球电子可持续发展倡议 德国工业联邦协会 德国企业社会责任协会
道德营销	德国联邦环境基金会 联邦数字经济协会
零浪费	艾伦·麦克阿瑟基金会 乌珀塔尔能源学院 经济合作与发展组织 德国循环经济倡议
数字技术的生态足迹	国际电信联盟（ITU） 巴西发展银行倡议 德意志联合银行倡议 企业领袖气候变化小组 世界野生动物基金会

社会群体外的利益相关者也在随着数字化而变化。基于大数据的商业模式涉及数据供应商、分析人员和用户等利益相关者。物联网领域中硬件组件的开发商、生产商、运营商和处置商也是企业的利益相关者。基于机器学习或人工智能的商业模式中涉及与算法开发、操作和控制相关的利益相关者（Lock and Seele，2017）。

4.3 迈出“数字化”自我承诺的第一步

为了应对数字化的挑战，目前已存在许多跨国公司的自愿自我承诺。

自愿性自我承诺是“组织为实现特定的环境和社会政策目标而寻求的一种自愿工具，通过谈判解决方案（基于条约或协议或不具法律约束力的安排）而非监管解决方案来掌握具体的环境和社会政策目标”（Suchanek et al.，2018）。这些是企业应对社会和政治需求的企业社会责任措施。几十年来，自愿性自我承诺以各种形式存在于商业领域（Deutscher Bundestag，2016）。

行业范围内的自愿承诺可以通过合作扩大行业的专有技术并提供履行企业社会责任的途径，因此对有效改变企业行为非常重要。从政策角度来看，自愿承诺可以补充必要的监管。对创业企业和先行者来说，自愿承诺往往没有吸引力，因为全行业的自我承诺使企业社会责任无法形成差异化，从而无法形成竞争优势。

环境、动物福利、健康等领域的互联网产品和服务的许多现有标志，例如，“Fairtrade”“Blue Angel”或“海洋管理委员会”（MSC），也是遵守环境和/或社会标准的自愿性自我承诺。

承诺对社会和可持续性的“价值”程度取决于若干标准。例如，与法律要求相比，标准的目标有多高，其社会和/或环境影响如何？标准开发人员、组织和审计人员的独立性如何？对标准的监督有多全面？是否有制裁措施等（Verbraucher Initiative，2019）。民间社会组织的许多活动被批评为“装点门面”或“粉饰”并非没有道理。这些标准也适用于关于人工智能或数字技术的各种自愿承诺（AlgorithmWatch，2019a；Köver，2019）。

本书概述了目前的一些举措，它们被视为迈向更加负责任和更高透明度的第一步。为了产生更大的社会影响，企业需要更明确地关注更大规模的社会挑战，需要在行业内部或行业之间汇集力量，需要建立机制以获取利益相关者和消费者信任。

一些国家已开始发展综合框架，这些框架可以成为未来认证的基础。但由于尚处于开发阶段，目前这些框架只能作为“快照”。

4.3.1 从德国的角度看跨行业举措

数字网络宪章。这是德国的一项企业倡议，该倡议发布于 2014 年，包括涵盖数字网络各方面以及社会和经济潜力的十项原则，这些原则与位置因素、繁荣、对话、责任、数据、参与、互操作性、框架条件、能力和自由有关（Charta der digtalen Venetzung，2018）。

企业数字责任倡议。该倡议由德国联邦司法和消费者保护部于 2018 年创立，倡议从政策角度确定了企业数字责任的一些基本要求（参见本书第 1.5.1 节）。然而对于倡议的参与者来说，重点在于建立共识、交流实践经验以及建立网络。除 ICT 和 IT 企业外，Otto 零售集团、家用电器制造商 Miele 和媒体公司 ZEIT 等企业也积极响应该倡议（Federal Ministry of Justice and Consumer Protection，2019）。

欧洲企业社会责任协会的企业数字责任倡议。欧洲企业社会责任协会是一个由30家大型欧洲企业和41个国家CSR组织组成的协会，该协会在欧洲十分活跃。2018年，该协会与贝塔斯曼基金会共同成立了企业数字责任工作小组，多家会员企业加入该小组。工作小组讨论的内容重点包括“数字化转型：工作与生活的平衡与健康”“数据：加强员工交流与公共产品”“自动化与人工智能：以人为本”的经验交流等，该工作小组仅对欧洲企业社会责任协会的会员企业开放。

4.3.2　人力资源中与职能相关的自愿承诺

在人力资源管理中使用人工智能的技术指南。人力资源技术道德咨询委员会于2019年发布了在人力资源管理中负责任地使用人工智能的实用指南，该倡议由学术界、工会企业的代表共同发表。

人力资源技术伦理咨询委员会旨在为人力资源经理提供有关负责任地使用数字技术的指导，并促进从业者之间的讨论。该指南涉及以下主题：透明的目标设定过程、合理的解决方案、人员决策、必要的专业知识、责任和义务、目的限制和数据最小化、告知义务、数据质量和歧视以及持续审查。

行为准则：付费众包或众包的原则。行为准则是一套普遍适用于众包的“负责任”规则，众包提供商可以自愿采用该原则。该原则旨在将众包工作确立为一种现代的工作形式，并实现使用者和提供商之间的双赢，其具体内容包括合法的工作任务、法律普及教育、公平的报酬、激励良好的工作、明确的任务定义、适当的日程安排、自由和灵活性、建设性的反馈和开放的沟通、受监管的验收流程、数据保护和隐私等（Testbirds，2019a）。

4.3.3　人工智能技术相关指南

自2018年以来，关于人工智能的指导方针一直如雨后春笋般涌现。截至2019年7月，非政府组织AlgorithmWatch的数据库已经有80多个相关条目，其中包含部分非常全面的内容。非政府组织探讨“展示美德”（AlgorithmWatch，2019a），其中大多数是建议（如Bitkom）或声明。从企业层面来看，谷歌、《德国商报》、SAP、IBM、Mozilla、微软、德国电信等企业都会对自己和商业伙伴的行为做出自我承诺。本书将举例说明一些相关指南。

人工智能批准章。德国人工智能协会设定了促进以人为本和为人服务的人工智能的目标，并于 2019 年 4 月发布了人工智能批准章。获得人工智能批准章代表企业提供的人工智能服务道德、公正、透明且安全。

责任算法原则由计算机专家与数字化企业产品经理及 IT 开发人员等共同开发。该开发群体每年都参与“机器学习中的公平、问责和透明”（FAT/ML）会议。

该原则的前提是人类导致了算法的特性（这当然也适用于其他指南，但本书尽量简明表述）。算法是由人设计和创建的——总要有人对算法所做的决策或提供的信息负最终责任。如果算法及机器学习过程出现错误或产生负面后果，应由责任人承担责任（2019 年机器学习中的公平性、问责性和透明度会议）。

目前已确立的责任算法原则如下：

·问责制：为算法决策系统对个人或社会的不利影响提供补偿途径，并指定对此承担责任的负责人。

·可解释性：确保算法决策以及为这些决策提供信息的数据可以向最终用户和其他利益相关者解释。

·准确性：识别、记录和阐明算法及其数据源中的错误和不确定性来源，以便预测可能产生的不良后果并制定补救措施。

·可审计性：通过提供能够进行监控、验证或批评的信息（包括详细文档、技术上适当的编程接口和允许使用的条款等），使第三方能够调查验证算法行为。

·公平性：确保算法决策在不同群体间的公平（如种族、性别等）。

本书建议开发或使用人工智能或自主系统的企业发布关于算法的社会影响的声明，声明应基于上述原则提出相应的具体措施。

符合伦理设计的人工智能。拥有 40 多万会员单位的美国电气电子工程师协会 IEEE 于 2019 年发布了首版符合伦理设计的人工智能的标准（AlgorithmWatdn，2019；IEEE 标准协会，2019a），该标准经历了为期三年的开发周期。标准长达数百页，采用基于社区的方法从行业、商业和政策框架入手完成，是迄今为止同类标准中最全面的一种。该标准旨在为政府、企业和公众提供技术进步如何造福人类的指导（IEEE 标准协会，2019a），在这种背景下，“伦理”主张超越了道德，包括社会公平、生态可持续性和自决的愿望（AlgorithmWatch，2019b）。符合伦理设计的人工智能的一般原则包括尊重、促进和保护人权、将增进人类福祉作为发展的首要成功标准、通过访问数据保护个人代理权、决策依据透明化、防

止潜在滥用及风险、提供安全知识及技能等。该原则的目标是使自动化决策过程标准化，并为自治和智能系统相关的过程提供一系列认证（IEEE 标准协会，2019b）。除数据隐私和安全外，该原则还会从其他方面考虑以评估大数据和人工智能对人权的影响以及程序中的其他社会和道德影响（Mantelero，2018）。

4.3.4 数字消费者保护计划

可信赖的技术标志。可信赖的技术标志是 ThingsCon 在 Mozilla 基金会的支持下发起的一项倡议，该倡议呼吁企业提供值得信赖的智能设备。未来，消费者可通过该标志判断智能设备“是否可信”，该倡议通过验证设备制造商提供的信息来评估连接该设备的可信度。具体的评估标准包括：隐私和数据实践（是否使用最新技术创建数据并尊重用户权利?）、透明度（用户是否清楚设备的功能以及设备如何使用数据?）、安全性（设备是使用最新的安全方法设计和制造的吗?）、稳定性（设备的坚固性以及使用寿命如何?）和开放性（设备和制造商的流程有多开放？是否使用或生成开放数据?）（ThingsCon，2019）。该倡议目前尚处于测试阶段。

加强数字化平台对消费者保护的自愿承诺。该承诺由 Verivox 于 2019 年发起，规定了数字化平台的信息义务，旨在使消费者能够以自主和知情的方式使用数字服务。该承诺涉及以下透明度规则：披露第三方供应商和承包商、提升消费者评级、投诉管理、冲突解决机制的真实性和客观性、提升用户友好性和可访问性等（Verivox，2019）。

硬件环境保护和工作条件认证。为了完整起见，应探讨现有的硬件环境保护和工作条件认证，尽管它们不涉及循环经济或数字技术的产品生命周期视角（参见本书第 3.2.14 节和第 3.2.15 节）。硬件的环境标准包括德国联邦环境署颁发的“蓝天使”认证、美国在全球使用的“能源之星”和“TCO 认证”及电子行业的全球自愿承诺等。“TCO 认证”为全球硬件生产制定了生态和社会标准（Verbraucher Initiative，2019）。电子行业的全球自愿承诺即负责任的商业联盟行为准则，侧重于行业的劳工和社会标准。该准则基于《联合国商业和人权指导原则》《国际劳工组织关于工作基本原则和权利的宣言》和《联合国世界人权宣言》（责任商业联盟，2018）。

4.4 如何负责任地推动数字创新

数字化改变了创新的速度，今天的顶级企业往往是昨天的数字初创企业（参见本书第1.2.1节）。正在进行数字化转型的企业可以利用内部或外部机会进行创新，正在进行数字化转型的企业可以利用内部或外部机会进行创新，外部机会经常被捆绑在企业内部的“创新中心”和创业项目中。创业方法也用于企业内部的创新计划。但即使是负责任的、以可持续性为导向的数字企业也很少在创新初始阶段就关注可持续性和责任。本节提出了可持续性和数字责任的创新方法，并讨论了可持续商业模式以及数字化和企业数字责任的作用。

4.4.1 可持续性和数字责任的创新方法

现有多种研究产品创新或初创企业可持续性和责任感的工具和方法，下文将举例介绍。

在可持续产品和初创企业中使用“商业画布”。商业模式创新与技术创新一样能推动企业发展，因此 Osterwalder 和 Pigneur（2010）的“商业模式画布”在帮助企业寻找数字商业机会的过程中起到关键作用。

可持续商业画布有助于实现可持续的产品创新和创业，一方面其为利益相关者创造价值，另一方面其结合社会要求为企业创造价值（Fichter and Tiemann, 2015）。与“经典”商业模式画布相比，可持续商业模式画布进行了以下调整（Tiemann and Fichter, 2016）：

·在愿景和使命下，采用可持续性的指导原则。

·增加两个新的商业模式要素（“竞争者”和“利益相关者”）以进一步反映外部影响。

·针对每个商业模式要素制定与可持续性创新细节相关的可持续性问题。

本书提供创建可持续商业画布的辅助工具以及指南（见图4-4，Tiemann and Fichter, 2016）。

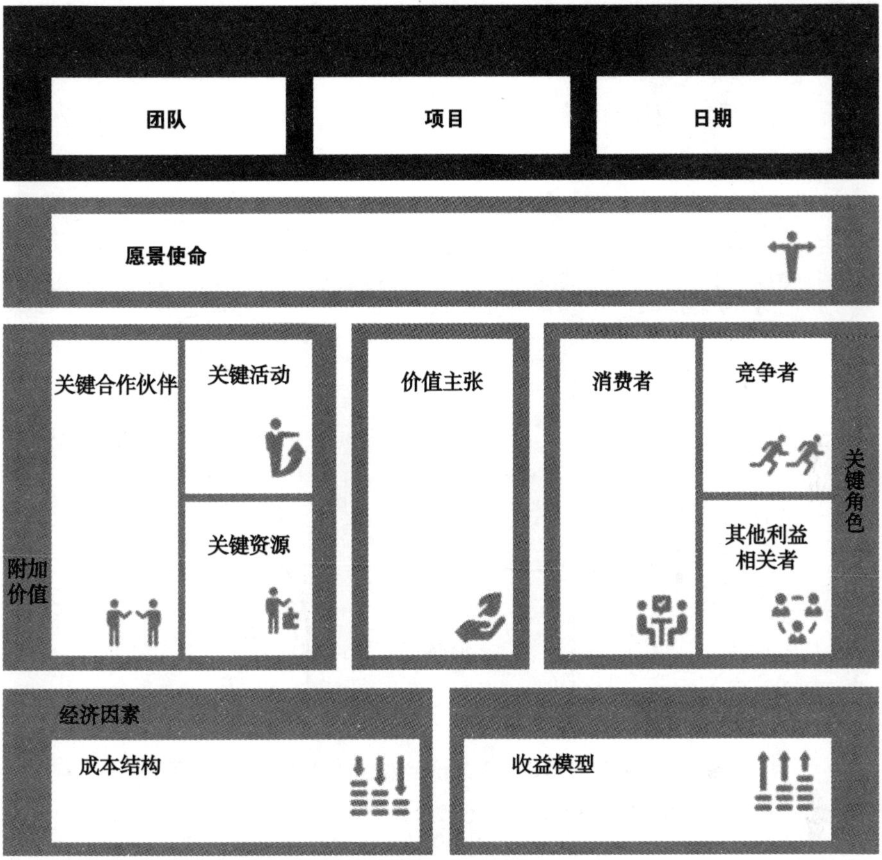

团队 项目 日期

愿景使命

关键合作伙伴 关键活动 关键资源 价值主张 消费者 竞争者 其他利益相关者

附加价值 关键角色

经济因素

成本结构 收益模型

图 4-4 可持续商业模式画布

资料来源：Gründer Initiative Start Up4 Climate（2015）。

初创企业通过对可持续商业画布的讨论提高对可持续性相关问题的认识，并调整其商业模式或商业理念以考虑可持续性。

另一种可持续发展的商业模式画布，即“蓬勃发展的商业画布”，也称“强可持续性商业画布”追求高度的可持续性，该画布并不追求企业从纯利润导向转变为更具可持续性，而是探究可持续商业模式的要求。该画布提出将“三利润指标”作为企业目标（不要与“三重底线”混淆），该指标是企业在环境、社会和经济环境中的活动的成本和收益的总和。以此为目标的企业能够创造足够的经济回报、社会福利，并助力于环境保护（Upward and Jones，2015）。

在“WerteLabor”中以价值敏感的方式设计数字产品和服务（见图 4-5）。通常，侵犯隐私权或利益冲突只有在应用程序上线后才会明显体现（Dörr and Paderta，2019），而此时早已产生大量的开发成本。因此，对于企业和投资者来说存在数字产品和服务无人使用导致的不良投资风险。

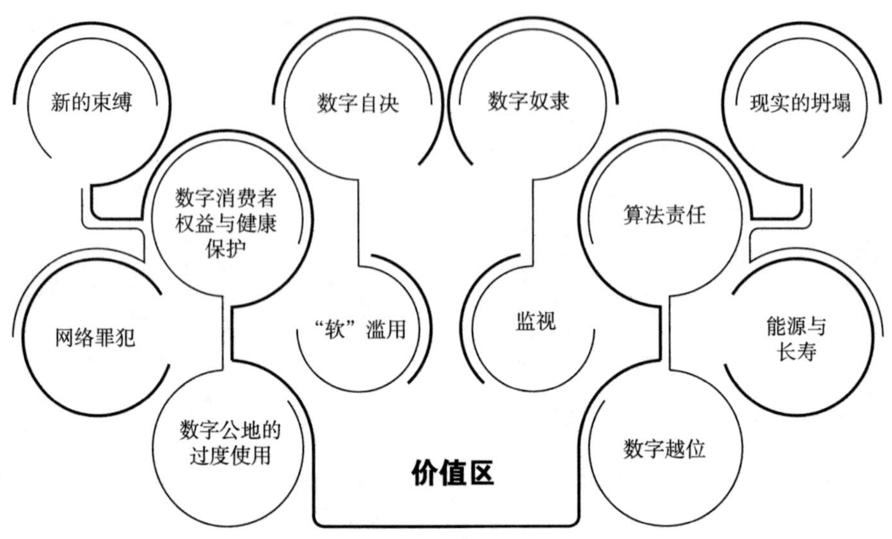

图 4-5　数字产品和服务的价格敏感性设计的“价值区”

资料来源：WerteLabor（2019）。

WerteLabor 研讨会的目的是支持开发“更好和对道德负责的数字服务”，并为可持续的数字化创新做出贡献。数字产品和服务设计团队及决策者借助基于设计思维的“内部伦理”方法识别产品原型中的伦理矛盾并在开发过程中进行避免。该方法适用于描述数字化伦理维度的 12 个价值区（Paderta and Dörr，2019）。

使用设计思维进行可持续创新。数字化转型中技术和创业手段的变化使传统的“从用户入手”的思维方式亟须改变，因此设计思维作为一种创造性的创新方法在数字化过程中得到了较广泛的使用（d. school，2018；IDEO，2019）。下文举例说明了如何使用设计思维促进可持续性创新。

柏林工业大学的研究者进一步开发了促进创新和可持续性的设计思维方法，旨在于创新过程的所有阶段系统地考虑可持续性：

· 在创新过程中以可持续性为重点进行设计。

·确定特别关注可持续性问题的团队成员。

·考虑以用户需求为导向的可持续性创新。

·与用户共同进行原型设计及测试，避免“错误”投资（如材料、资金、时间）的可能性。

·选择符合生态标准的原材料。

《循环设计指南》是进一步发展循环经济设计思维的工作辅助工具，可供实践者使用。设计思维被视为将传统的线性价值链转变为循环价值链的关键（参见本书第3.2.14节）。《循环设计指南》旨在培养循环价值思维并引导企业向循环经济发展创新。该指南提供了可用于解决循环经济问题的24种设计思路（Ellen McArthur Foundation，2019），例如：

·“材料旅行图”：显示材料的路径。

·培养再生思维。

·寻找“循环机会”的头脑风暴。

设计思维也可用于开发可持续的商业模式，因此其与价值映射和利益相关者视角相关联（Geisdörfer et al.，2016）。

4.4.2　创业公司：也面向未来

数字经济的“引擎”是拥有最新数字技术并希望创造新事物的初创企业。近年来，德国的风险投资和创业公司数量急剧增加。2018年，该类投资增长了7%，达到约46亿欧元（Ernst and Young，2019），且德国的绝大多数初创企业都是IT、高科技或数字企业（Strecker，2017）。然而，德国的投资额远远落后于投资额最高的欧洲国家——英国，且只是美国或以色列的投资额的一小部分（Hebing et al.，2017）。

“初创企业”的定义如下（Trautwein and Fichter，2018）：

·创建时间不足10年。

·技术和/或商业模式（高度）创新。

·寻求员工数量和收益的显著增长。

尽管个别孵化器和中心专注于绿色或可持续的初创企业，但德国的此类初创企业数量仍然很低，需要制定更多融资措施并引入更多资本。

可持续性评估指南。创业公司可持续性评估指南的发布旨在支持绿色创业公司获得投资者的融资（Trautwein and Fichter，2018），该指南有助于评估初创企业的可持续发展潜力，评估标准包括：

· 符合可持续发展核心理念的商业模式。

· 创始团队的可持续发展经验。

· 可持续性目标设定和管理以及利益相关者管理。

· 致力于解决可持续性挑战。

使用 Ethical OS 工具帮助科技初创企业“面向未来”。“Ethical OS”工具旨在帮助初创企业和投资者管理未来的风险并提高认识，该工具的使用分三个步骤进行：提高对未来风险的认识；根据问题确定当前发展的风险领域；制定“面向未来”的战略（Institute for the Futare，Omidyar Network's Tech and Society Solutions Lab，2018）。

4.4.3 可持续商业模式与数字化

可持续的商业模式“涉及积极的多利益相关者管理，为一系列利益相关者创造经济价值和社会价值，并具有长远的眼光”（Geissdörfer et al.，2016）。商业模式创新是指“将整个商业模式整体或部分转变为另一种商业模式”。在此基础上提出的可持续商业模式创新可以为初创企业和投资者提供灵感，不同领域可持续商业模式创新具有不同的影响和特点。2014 年可持续发展报告评估了数字化对商业模式创新的影响程度（见表 4-4）。

表 4-4 可持续性商业模式创新和数字化的重要性

活动领域	商业模式	概念描述	数字化的重要性
环境影响	闭环生产	产品原材料通过生产系统不断循环使用	xx
	从物理到虚拟	用虚拟（数字）服务取代固定基础设施	xxx
	按需生产	只有当需求得到量化和确认时才进行生产	xxx
	再物质化	开发创新的采购方法，使用回收材料生产全新产品	o
社会影响	买一送一	销售特定商品或服务，并将部分利润捐赠给有需要的人	o
	共同持股	员工持有并参与管理的企业通常会考虑更广泛的利益相关者关注的问题，包括员工、客户、供应商、当地社区或环境等	o
	采购管理	重新设计供应链以使企业更具包容性，保护供应商利益	o

续表

活动领域	商业模式	概念描述	数字化的重要性
金融创新	众筹	允许企业家利用网络资源	xxx
	免费模式	免费提供专有产品或服务，但对增强的功能或虚拟商品收取额外费用	xxx
	创新产品融资	消费者租赁负担不起或不想立即购买的商品	xx
	成功的数字	基于绩效的合同，通常在社会服务提供者和政府之间	o
	订阅模式	用户按月或按年支付经常性费用以获得对产品或服务的持续访问（已用于降低绿色创新的准入门槛）	o
“金字塔的底部”（被忽视的群体）	开发市场	企业以创新和对社会负责的方式为其产品开发新市场	xx
	差别定价	对于从同一产品中受益但支付门槛不同的用户，企业向有能力的用户收取更高的费用以补贴无力支付的用户	xx
	小额信贷	向无法获得银行贷款的低收入借款人提供小额贷款和金融服务	x
	微特许经营	利用传统特许经营为穷人创造创业机会	x
多重效应	替代市场	通过新的交易类型释放未开发的价值	xx
	行为改变	通过商业模式刺激行为改变，以减少消费、改变购买行为或改变日常习惯	x
	产品即服务	消费者为服务付费，而无须维修、更换或处置产品	xxx
	共享经济	仅在需要使用时“租赁”产品，而非购买产品	xxx

注：o：不重要；x：一般重要；xx：比较重要；xxx：非常重要。

数字化对不同商业模式的重要性不同。有些商业模式完全无须依赖数字网络、数据或平台，比如“买一送一”。而有些商业模式仅能在数字化中实现，比如免费模式。一项系统性评估表明，数字化在2/3的商业模式中发挥作用，因此可以成为数字环境下可持续创新的基础（见表4-4最右栏）。

扩大可持续性评估以涵盖数字化责任。将数字商业模式与可持续性相结合不足以数字负责任的方式行事，还必须考虑数字化的“副作用”（参见本书第2.2节）。例如：“产品即服务”和“共享经济”的商业模式旨在对更有效的产品和资源使用产生积极影响以保护环境，并促成新的社会互动。然而，如果“集中而不是共享”，则存在社会社区可持续性风险（参见本书第2.2.4节）及社会—个人可持续性风险，详见“数字世界中的个人保护”和“数据授权”（参见本书第3.2.8节和第3.2.9节）。

“闭环”商业模式的生态可持续性风险在资源节约方面具有积极的生态效应，“循环经济只是一个魔术?”一节中“从物理到虚拟”的商业模式也与非物质化的积极期望相关联，从而节约资源。然而，由于消耗量的增加（参见本书第2.2.13节）以及IT和ICT基础设施造成的更多温室气体和电子垃圾（参见本书第2.2.15节），这些预期可能无法实现。

目前，学界对可持续性和数字化如何在商业模式中相互作用、数据如何产生新的社会个人风险、如何避免数字化进程中的“反弹”效应等缺乏系统的研究。不考虑数字化的“副作用”的数字商业模式可持续性研究有“盲点”的风险(Zarra et al.，2019)。在实践中，可以使用数字责任集群和“数字责任检查”来检查商业模式的“副作用”。

第 5 章　注意差距！在实践中把握挑战

实施企业数字责任面临诸多挑战，识别潜在的挑战至关重要。这些挑战一方面源于 VUCA 世界中可持续性挑战的复杂性和不确定性，另一方面源于企业中具体的企业数字责任实施障碍。本章介绍了如何处理这些障碍，并提供了指导企业寻求内外部合作伙伴和盟友的实用技巧。本章还介绍了来自德国的 7 个企业数字责任实例，这些实例展示了企业如何采用企业数字责任并克服挑战。

5.1　预计会遇到哪些障碍

企业在应用和实施企业数字责任的过程中可能会遇到障碍。管理者倾向于线性思考，因此难以应对可持续性和数字化问题的复杂性和不确定性。然而，部分实施障碍可预测并可采取措施以避免，这是以可信的方式向利益相关者传达企业数字责任的先决条件。

5.1.1　当心：来自复杂性的挑战

众所周知，可持续性的挑战具有不确定性和复杂性，可能造成无法预期的错误后果。解决此问题的唯一办法是采取一种循序渐进、可实时调整的方法。

例如：在某个城市的单行道系统中寻找最佳道路可能很复杂，但通过城市地图可以完美解决这一挑战。然而如果单行道的车辆行驶方向发生变化，情况就会复杂化（Lesch，2017）。

问题的复杂性表现在如下方面（Godemann，2008）：

· 信息不对称。

· 相互依存、相互关联。

·因果关系非线性。

·需同时考虑不同的影响范围。

数字“VUCA 世界”也即指需要解决的不确定和复杂问题（参见本书第 1.5.8 节）。由于认知能力的限制和简化思维的“节约倾向”，人们在解决不确定性和复杂性问题时容易出现思维和决策错误。例如，指数发展只是线性外推或否认问题的相互联系。原因在于认知能力的限制，这是一种通过简化思维的“节约倾向”（Schaub，2005）。

线性思维也是管理层和企业的首选思维方式，因为企业通常关注平均水平，平均值掩盖了非线性，并导致预测错误。图 5-1 列出了业务环境中的一些非线性关系，这些关系常与我们的直觉相矛盾（de Langhe et al.，2017）：

·重视环境并购买环保产品：购买数量低于预期。

·等额分期还清抵押贷款金额：抵押贷款高于预期。

·单位利润与销售数量：利润低于预期。

·汽车百公里油耗与实际油耗：节约的钱低于预期。

·线性思维无法应付复杂情况下的挑战，假设我们生活在“VUCA 世界”，这意味着必须更频繁地打破线性思维模式以做出正确决策。

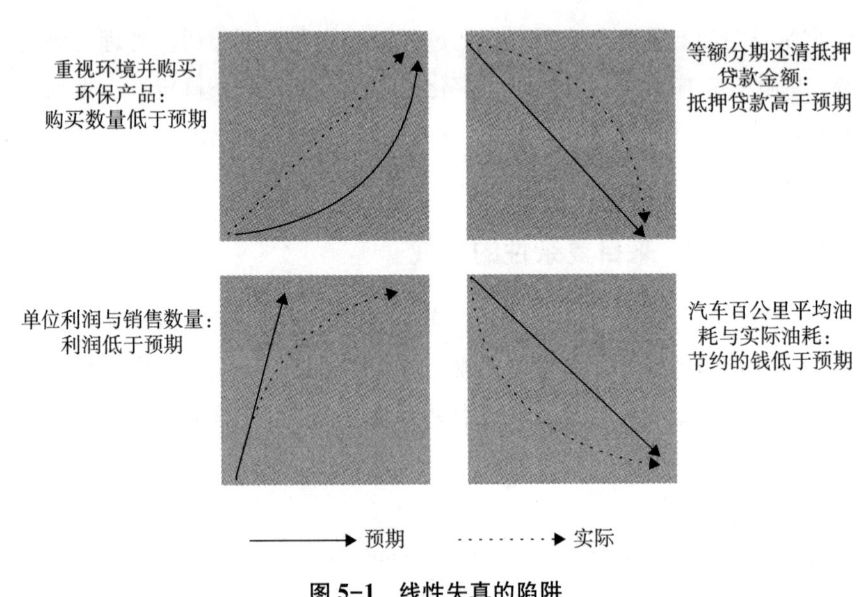

图 5-1 线性失真的陷阱

资料来源：根据 de Langhe 等（2017）绘制。

避免掉入线性失真的陷阱。了解非线性关系并识别其作用阶段至关重要。对于在数字化和可持续发展的复杂环境中工作的企业数字责任专家来说，训练自己的非线性思维并处理复杂情况有助于提高商业决策的质量，最大限度地减少掉入线性思维的陷阱。可以采用以下三个步骤（de Langhe et al.，2017）：

· 第 1 步：提高对线性失真的认识。

· 第 2 步：关注结果而非指标。

· 第 3 步：确定非线性问题的类型。

管理者可通过挑战"大量异质、复杂和不确定的问题情境"来自我体验和自我反思（Schaub，2005），识别自身优势和劣势，并学会判断哪些情况可以用线性思维和决策模式来处理，哪些情况需要复杂的解决方案。

5.1.2　企业的实施障碍

企业社会责任管理层在实施负责任的企业行动方面普遍存在障碍（Schaltegger and Hasenmüller，2005；Dörr，2012）。问题的复杂性、难测量性使企业承担更多社会责任的决策变得复杂。实施企业社会责任的已知障碍和挑战是可持续创新的组织障碍（Charter and Clark，2007）：

· 管理层缺乏承诺。

· 组织结构不灵活：无法识别新机会或缺乏可持续创新的空间。

· 组织技能低下：对可持续创新的理解程度较低。

· 营销参与方面存在差距且缺乏知识。

· 实施能力差：可持续的商业模式使交付流程更加复杂，在没有强制要求的情况下难以实施。

· 管理者拒绝改变现有工作方式。

· 难以利用创新的商业模式。

企业数字责任作为新兴的领域，还存在由现有的知识差距、商业模式在数字化转型中的持续适应及社会对数字化的社会和伦理问题看法的进一步变化等带来的障碍（见图 5-2）。企业必须采取措施以降低这些障碍带来的实施风险（见图 5-2）。因此，必须有远见地制定针对性措施，建议进行头脑风暴并进行优先级排序。表 5-1 列出了一些应对措施示例。

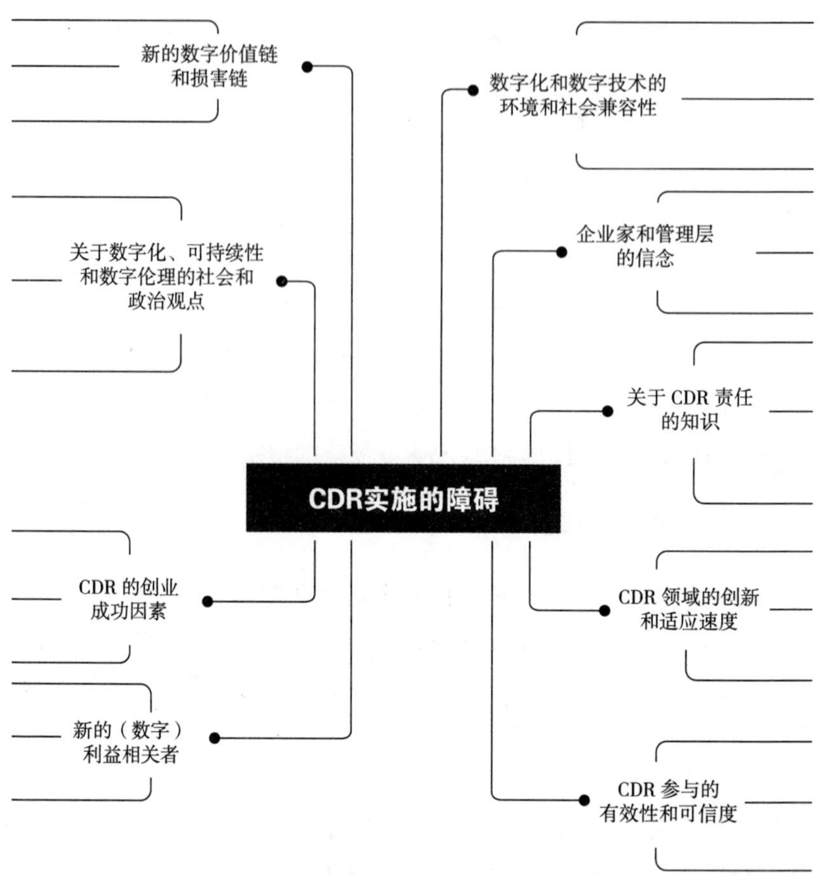

图 5-2　企业数字责任实施的障碍

资料来源：笔者整理。

表 5-1　企业数字责任实施的障碍和对策

障碍	对策
企业家和管理层的信念阻碍了实施	提高对价值判断的敏感度 学习有关数字化、可持续性和数字道德方面的专业知识 聘请首席数字官或首席信息官作为企业的关键内部利益相关者 协助制定企业对数字责任集群的信念和愿景 收集信息并汇报企业或竞争对手的现状
企业数字责任的创业成功因素难以识别	获取有关市场成功因素的信息，如客户忠诚度、使用率 获取有关非市场成功因素的信息，如数据主权的重要性、自由与安全以及数字道德问题 利用（数字）可持续性商业案例确定成功的驱动因素

续表

障碍	对策
数字化和数字技术的环境和社会兼容性尚不充分	从社会和生态角度理解“数字价值和损害创造”，制定有效性措施和关键绩效指标
利益相关者在需求方面相互矛盾	与新加入业务的利益相关者（如大数据供应商和分析师）建立信任关系 利用商业协会和平台作为中介 解决相互矛盾的利益相关者的要求 进行重要性分析
关于数字化、可持续性和数字伦理的社会和政治观点在不断变化	促进社会澄清不同可持续性主张和数字道德主张之间的歧义 加强风险管理 通过商业协会或平台促进持续的利益相关者对话
企业数字责任参与度不足	将企业数字责任落实到商业流程和产品层面 培训员工 将自愿自我约束确定为标准并加入行业倡议 确定责任集群 引入可持续、道德和公平的数字产品和服务
企业现有社会责任储备不足以支撑企业数字责任创新	明确企业的职责在可持续性、合规和数据保护方面的角色 加强企业社会责任负责人的专业知识 在公司内推进关于数字责任的变革活动 将企业数字责任融入管理体系 建立新的测量方法及企业数字责任指标 积累经验 将企业数字责任整合至企业社会责任标准、工具、排名和评级中 将企业数字责任纳入可持续性报告 推进企业社会责任报告数据收集和处理的数字化
对数字价值链/网络和商业模式中的企业社会责任所知甚少	在数字价值创造中建立与数据供应商的用户关系 获取有关数字价值创造、数字化和数字技术的专门知识 深入了解单个产品和流程的数字价值和损害创造
企业数字责任内容需尽快调整	以“敏捷”思维驱动企业数字责任 发明具有快速适应性方法 加强团队专业知识 加快整合利益相关者的意见与企业责任趋势 使沟通和报告适应当前需要

资料来源：笔者整理。

5.1.3 开拓新天地的小贴士

“开拓新天地”总是充满危险的，所以应该寻找盟友。这也适用于企业数字责任这一企业社会责任在新兴领域的实施。企业数字责任专家和管理者可使用以下方法寻找内外部合作伙伴：

· 听取利益相关者的意见：与利益相关者就数字责任集群进行对话，收集利益相关者观察到的挑战。

· 寻找盟友：利用行业协会成立相关工作组；参加相关会议或与专家在线交流。

· 参与管理：在实施企业数字责任的早期阶段让管理层参与进来以寻求支持。

· 在公司内部组建变革小组：建立内部网络，邀请专家定期交流。

· 向开拓者学习：看看竞争对手在做什么。

5.2 向开拓者学习：来自德国的实例

当必须“开拓新天地”时，勇敢的开拓者已经准备好承担无法估量的风险。从最佳实践中学习无疑是应对企业数字责任管理挑战的有效方法。下面介绍 7 个在德国开展业务的公司的实际示例，以说明如何在企业中实施与每个数字责任集群相关的企业数字责任（见图 5-3）。

为了获得实例，笔者联系了被视为 CDR 领域先驱的多家德国企业。大多数企业同意提供自己选择的实例。笔者下发调查问卷至企业并由企业代表以书面形式回答。本节根据上述调查内容编写有关数字责任集群的实例并反馈至企业进行检查。

5.2.1 数字多样性：微软和弱势群体的编码技能

微软的实例展示了如何使所有人平等地获取数字世界和社会的利益，及如何提高数字包容性。

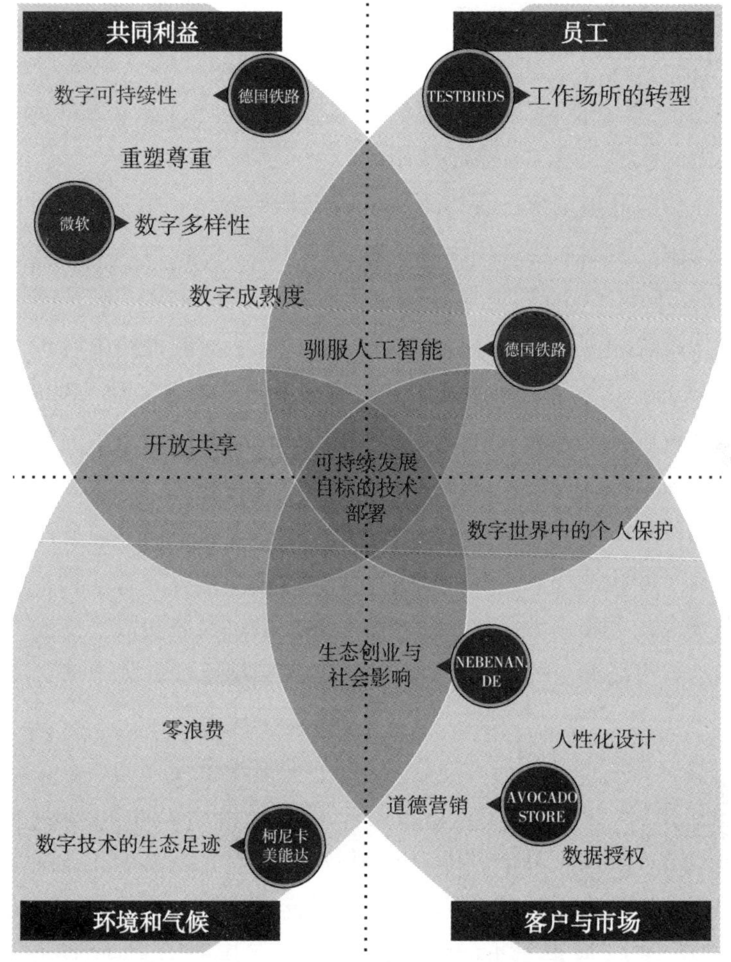

图 5-3　数字责任罗盘中数字责任集群的实例及其分布

资料来源：笔者整理。

（1）参与项目介绍。自 2019 年以来，微软的“Code your life Becomes inclusive”项目（“CYLBI”项目）为无数视障、听障和学习障碍的青少年提供了无障碍发明创造新媒体和技术的机会。其目标是使用户（无论是否为弱势群体）积极参与并理解数字技术，而不是仅成为数字媒体的接受者。

“TurtleCoder”应用程序是培养儿童和青少年编程技能的基础，该程序提供了应用可视化编程语言编写脚本和代码的可能性。作为“CYLBI”项目的一部分，“TurtleCoder”正在进一步完善以实现更加无障碍地使用，该程序的开发基于微软的人工智能和"Azure 云宇宙"等技术。

目前，该项目已为运动障碍儿童和学习困难儿童编写学习材料以适应该群体的特殊需求。未来还将陆续改编相应的学习材料，并进一步开发"TurtleCoder"，以供不同类型的残疾儿童和青少年使用。

该项目在德国开展以来已有约 250 名残疾儿童参与其中，该项目计划运行 3 年经过短暂的试点阶段后将提供由 650 所合作学校，微软为该项目的合作伙伴提供财务支持。"TurtleCoder"应用程序也不仅仅在"CYLBI"项目中使用，其适用于所有操作系统和浏览器，并提供网络版和应用程序两种使用形式。

（2）微软的企业数字责任愿景。微软德国有限公司总经理 Sabine Bendiek 指出，微软希望通过技术进步为每个人提供切实的机会并展示未来前景。微软的企业愿景不仅是承担经济责任，还包括社会责任。与此同时，微软致力于通过开发创新的可访问性技术解决方案来有效支持残疾人参与数字世界，从而实现数字参与和包容。数字创新使残疾人参与社会和工作变得越来越容易，而"CYLBI"项目旨在帮助残疾儿童和青少年成功参与数字化社会。媒体和数字技能可被视为社会参与和劳动力市场参与的先决条件，因此数字技能已经成为未来员工的核心竞争力。

（3）合作伙伴和利益相关者。"CYLBI"项目是全球 Microsoft YouthSpark 计划的一部分，由 21 世纪能力中心实施。该项目由 Aktion Mensch 与 Microsoft Deutschland GmbH 资助。Akton Mensch 提供有关残疾儿童需求和适配课程的专业知识，如根据残疾儿童、听障、视障儿童的特定需求提供相应的学习材料。独立的社会组织确保弱势群体的利益得到保障，其他合作伙伴包括柏林的 Förderzentrum für Körperbehinderte 等机构和十所示范学校。该项目涉及许多不同的利益群体，如学校、政府机构和残疾援助机构与专家（目前主要是来自柏林和勃兰登堡的教师和德国国内及国际专家）。就参与者而言，本项目的对象是 9~12 岁的身体残疾、视觉和听觉障碍儿童，以及有学习困难的儿童。

（4）项目的商业影响。"CYLBI"项目是社会承诺的一部分，认为数字教育是知识社会最重要的未来资源的社会承诺的一部分。"CYL"教育计划和"CYLBI"项目是微软"全民数字化"企业社会责任战略和"让地球上的每一个人和每一家企业获得更多成就"使命的一部分。该项目贴近微软作为市场领先的国际硬件和软件开发商的核心业务。微软通过达成社会目标提高企业声誉和消费者信任。

此外，“CYLBI”项目还可以提高微软在教育工作者和教育决策者中的声誉。微软将自己定位为“学校数字协议”（Digitalpact for Schools）的商业合作伙伴，德国联邦教育和研究部计划在未来5年内提供50亿欧元的资金以确保学校更好地配备数字技术（Bundesministerium für Bildung und Forschung，2019）。

儿童和青少年领域的企业赞助和广告有可能对项目的声誉构成风险。儿童和青少年保护专家对该项目持批判态度，因为该项目可以潜化锚定品牌，并在未来为企业带来竞争优势。因此，学校只允许在小范围内进行广告宣传。为了将声誉风险降至最低，项目相关材料中仅使用了“CYLBI”项目徽标，微软的支持仅以文字形式提及。

此外，该项目的内容已转至“青年和社会工作支助协会”，该协会作为公认的德国志愿青年福利组织在其网站上透明地介绍了本次合作。目前尚不清楚微软在多大程度上避免了在项目中推广品牌，以保护儿童和年轻人以及自身的信誉。

（5）项目的社会影响。“CYLBI”项目的社会目标是克服获得数字技术的不平等现象并为公众提供更多参与机会（参见本书第2.2.2节），包括向所有人教授数字媒体素养和编程技能。有学习困难或残疾的儿童和青少年往往被排除在当前旨在培养编程技能的教育计划之外，因此微软的“CYLBI”项目以开创性的方式促进了“不让任何人掉队（尤其是弱势群体）”目标的实现。从社会的角度来看，在开源许可下无障碍地进一步开发面向教育的编程语言或开发环境技术，可以帮助弱势群体从“数字可持续性”的发展中受益。

5.2.2 驯服人工智能：德国电信和使用人工智能的自愿性自我承诺

德国电信股份有限公司的实例展示了在开发和使用人工智能、基于神经网络的自治系统以及决策自动化时如何履行企业数字责任。

（1）参与项目介绍。2018年4月，德国电信发布了《人工智能指南》，该指南包括九条具有自我约束力的指导方针，以及由方针构成的关于企业如何开发和使用人工智能的行动框架。

该指南描述了德国电信希望如何应对人工智能以及将如何开发基于人工智能的产品和服务。指南的基本思想是人工智能作为一种工具其本身是中立的，企业有责任在不忽视风险的情况下积极地使用人工智能，并且负责任处理它们（Deutsche Telekom，2019）。

指南的九条指导方针分别为承担明确的内部责任、依据法律行事、使用人工智能以维护消费者利益、公开透明地使用数据、提供安全的外部访问途径、分析和评估人工智能系统、确保人工智能系统可控性、从人机互动中获益、积累人工智能方面的知识和能力（Deutsche Telekom，2018）。《人工智能指南》是企业内部的数字道德行为准则，在战略层面上规范该企业的内部合作。人工智能产品和服务给许多企业带来了挑战，企业需要以合法合规的方式使用人工智能。企业环境中的数字伦理解决了计算机驱动的基础设施对员工的影响。

（2）德国电信的企业数字责任愿景。作为欧洲领先的ICT企业之一，德国电信认为自己有责任推动智能技术的发展并确保智能技术（如人工智能）遵循既定的道德规则。从企业角度来看，人工智能的使用也增加了其“数字责任”（Deutsche Telekom，2019b）。

德国电信公司首席合规官 Manuela Mackert 表示：“我们相信人工智能可以为世界带来非凡的好处，但前提是必须符合道德标准。”人工智能指南旨在考虑社会变化并帮助塑造人工智能的未来（Deutsche Telekom，2018）。德国电信希望通过制定具有自我约束力的人工智能指南来塑造其企业文化并满足员工期望，从而成为具有前瞻性和吸引力的雇主及值得信赖的企业。

（3）合作伙伴和利益相关者。在制定指南之前，德国电信与美国及以色列的高科技企业、学术界研究者和初创企业代表进行了讨论，以更好地了解他们对数字道德和人工智能使用的看法。同时，德国电信内部也开展了广泛参与和讨论。该指南的核心利益相关者是帮助制定指南并将其付诸实施的员工和内部专家，涉及技术和创新、电信创新实验室、IT 安全、数据隐私、金融、客户服务、采购、合作、电信等不同领域。其他利益相关者包括行业协会，如“德国工业联合会”“德国数字协会”“D21 倡议协议”和“德国人工智能协会”等。

（4）《人工智能指南》的商业影响。德国电信旨在通过《人工智能指南》的发布提升其作为一家创新和负责任的企业的声誉。“智能家居”“智能汽车”或“智能城市”领域都是具有潜力的创新市场，为挖掘生产力潜力，基于神经网络的人工智能和自主系统在信息通信技术和网络的数字化过程中必不可少。合作伙伴和用户对新技术的支持与信任是未来业务成功的先决条件，因此《人工智能指南》与德国电信的核心业务密切相关。目前，已有的推进措施如下：

· 培养员工相关技能，提升员工数字责任敏感度。

· 开发用于评估创新人工智能应用的测试矩阵并扩展隐私和安全评估。

· 在企业内部试点推行“标签制”。

·要求供应商理解并遵循《人工智能指南》。

人工智能带来的生产率提高也可能带来工作岗位的减少。如今，工作需求已经发生了变化。《人工智能指南》旨在提升企业作为创新和负责任雇主的声誉，德国电信可以借此提升自身对年轻人才和专家的吸引力，为企业引入发展人工智能的新能力。作为一个内部变革项目，《人工智能指南》的发布表明人工智能使企业所需的员工工作技能不断变化。

（5）《人工智能指南》的社会影响。社会要求人工智能具有可追溯性、可控制性和决策可纠正性等特点，而《人工智能指南》为此奠定了“行为准则”的基础。德国电信率先表明已准备好负责任地进行人工智能的开发和使用。不过现今还无法评估这种自愿承诺能够为社会、可持续性和数字道德带来多大价值。未来可以凝聚行业内部或跨行业的力量，并引入独立的审计机制以提升利益相关者和消费者的信任。

5.2.3 数字可持续性：德国铁路和移动性开放数据门户

以下实例展示了德国铁路集团如何通过开放数据项目实现内部数字知识的可访问和可持续可用性，从而为公共利益做出贡献。

（1）参与项目介绍。德国铁路集团利用“DB Open Date”门户和“DB Hackathons”帮助外部和内部创新者开发和测试新的数字服务。德国铁路集团通过根据开源原则在开放许可下共享数据来实现上述目标。通过集团外部的数据分析来开发新的数字应用程序，有助于提高铁路和其他公共交通的使用效率，通过数字应用解决吸引新的客户群并优化公共交通。

德国铁路集团通过 CCBY 4.0 许可创建公开数据，并支持内外部创新者根据需要复制、使用和修改数据。公开的数据内容包括（Deutsche Bahn，2019；Scheibler，2016）：

·站台数据：车站编号、站台编号、站台边缘编号、轨道、站台长度、站台边缘高度等。

·运营列表：车站、连接点、替代连接点、分支点、换乘点、闭塞站、线路变更信息等。

·车站数据：地址、中心站、地方站、本地交通信息、长途交通信息等。

·通过编程接口实时提供自行车租赁空闲情况、火车发车信息、电梯空闲情况等数据。

"DB Open Date"门户有20万余名访问者和6000余名注册开发人员，共开展300余个不同规模的项目，其中包括与其他铁路公司（如奥地利、瑞士、法国和日本的铁路运营商）的定期交流。自2015年以来，已组织了14场黑客马拉松、协作开放软件开发活动。

（2）德国铁路集团的企业数字责任愿景。可持续发展是德国铁路集团战略的一部分，该集团希望利用数字化潜力最大限度地提高铁路交通效率，同时最大限度地减少对人和环境的影响。随着数字责任活动的开展，数字责任被视为企业社会责任的一个组成部分，其目的是利用数字技术使德国铁路集团提供更环保、更安全的服务并获得用户信任。该集团希望"为每个人提供高质量的数字化"。德国铁路集团希望通过"开放数据门户"表明其向外部世界开放以便与其他参与者一起开发解决方案的意愿。在其看来，数据越来越成为创新产品的基础。提供数据旨在改进流程、简化铁路旅行或实现包容性参与出行。

（3）合作伙伴和利益相关者。"DB Open Date"门户的关键利益相关者包括创新者、开发者、初创企业、移动合作伙伴和服务提供商，关键利益相关者通过访问德国铁路数据开发新应用程序、创造新商业模式。"DB Open Date"门户的民间社会利益相关者包括开放知识基金会、开放数据倡议协会、市政当局和公共行政部门等。"DB Open Date"门户的内部合作伙伴包括内部数据提供者和内部用户，因为"DB Open Date"有助于提高数据质量并利用数据改善数据驱动的业务模型、提供更好的客户服务及优化内部流程。

（4）"DB Open Date"门户的商业影响。根据开源原则在开放数据门户中提供数据，使创新者可以通过数据分析开发数字应用程序和创新商业模式，帮助德国铁路开发新的数字服务、数据分析和数字业务模型。因此，"DB Open Date"门户与德国铁路集团的核心业务以及进一步的战略发展关系紧密。"DB Open Date"门户现有的成果包括：

· 车站"电梯警卫"：关于电梯运行情况的自动实时信息。

· 针对行动受限用户的无障碍应用程序。

· 外部开发者的应用程序以及与DB mindbox初创企业的合作。

· Betatestplattform：面向公共交通用户和开发人员的测试及代码样本移动数据社区。

除通过外部开发的数字服务和应用加速创新并改善与外部创新者的交流外，"DB Open Date"门户还有助于推广内部创新知识及提高铁路集团的创新声誉，吸引人才和熟练工人。

首席数字官、内部 IT 服务提供 DB Systel 以及业务部门等一起负责 CDR 测量。

（5）“DB Open Date”门户的社会影响。德国铁路集团通过开放和提供 3500 万铁路基础设施数据集（根据 CCBy4.0 许可证），为数字可持续性奠定基础，提升数据的利用效率。社会影响对证明企业社会责任可信度至关重要：数据提供的社会效益如何？数据如何为用户提供帮助？数据可以释放了哪些创新力量？德国铁路集团的开放数据可以作为数字公民社会项目，如通过共享自行车租赁空闲情况、电梯空闲情况、火车换乘信息等数据满足行动障碍者等特殊人群的需求。然而，目前尚无法量化该项目的社会效益。

5.2.4 工作场所的转型：Testbirds 与《众包工作行为准则》

Testbirds 是一家提供应用程序、网站或物联网应用程序等软件测试服务以优化可用性和功能的年轻企业。Testbirds 通过众包用工形式在 193 个国家拥有超过 30 万名注册测试人员，是世界领先的众测提供商之一。该公司通过数字化改造工作场所，并倡导在数字化工作场所为自由职业者提供更广泛的雇主福利。

（1）参与项目介绍。Testbirds 公司承诺的核心是作为盈利和公平合作商业指南的众包工作行为准则，该准则由一系列针对众包提供商的规则组成，这些规则由 Testbirds 创建于 2015 年。

众包员工法律上一般等同于自由职业者或独立创业者，与企业并不构成受社会保障的永久雇佣关系。虽然大多数众包工作属于副业或兼职，但也有部分众包员工将众包工作作为主要收入来源。一方面，众包员工可以随时自行决定是否接受任务。另一方面，平台运营商不提供订单保障，因为供应是由市场决定的。这为个体经营者创造了机会，也带来了社会风险（参见本书第 2.2.7 节）。

《众包工作行为准则》由十条规则组成，旨在通过为用户、服务提供商和众包员工创造舒适、安全且可收益的工作环境并补充当前的劳动立法。该准则重点关注公平薪酬、激励工作、数据隐私和公开沟通等问题上。此外，该准则还指出了如何明确区分不同类型的众包工作。该行为准则将众包工作作为一种数字工作形式，而不仅仅是通过平台处理工作组织的任务（如交付服务，参见本书第 2.2.7 节）。该准则在发布后得到积极响应。

2015 年 7 月，Testbirds 在有企业代表、研究人员和工会成员参加的圆桌会议上向公众介绍了该行为准则并得到了积极响应。未来，Testbirds 将与德国众包协会、德国金属业工人工业联盟“IG Metall”和所有签署方密切合作，不断优化原则制定（IG Metall，2019a）。

（2）Testbirds 的企业数字责任愿景。众包作为一种数字化工作形式，通过互联网将项目和订单外包给全球联网的员工。近年来，众包工作形式越来越普及，已成为不可或缺的一种工作形式。然而，关于众包工作的机遇和风险仍有广泛争议。《众包工作行为准则》旨在帮助众包工作成为一种现代工作形式，并为所有相关方创造双赢局面，从而发挥这种新就业形式的积极潜力。Testbirds 希望主动推进这一发展。

（3）合作伙伴和利益相关者。《众包工作行为准则》得到了德国众包公司 Verb 的支持，目前已有 Streetspotr 等九家领先供应商签署（Testbirds，2019a）。Testbirds 是《众包工作行为准则》的发起人，有助于其发展。参与合作的供应商将自己视为与政治、科学和其他社会团体（如工会或协会）进行交流的自我承诺平台的代言人。由于《众包工作行为准则》是一项自愿的、自我强加的承诺，它不能声称在签署国圈子之外有任何效力。然而，明确邀请所有感兴趣的公司加入。众包等新的就业模式会影响和改变个人以及雇主和社会机构。在某些情况下，不同利益集团的利益有很大差异。该准则的目的是为个体企业在有偿众包环境下的行为制定普遍适用的指导方针，从而为企业、平台运营商和众包员工之间的信任和公平合作奠定基础，旨在促进政治、科学和其他社会团体（如工会和协会）之间的交流。该准则最重要的利益相关者群体是众包员工本身。

（4）《众包工作行为准则》的商业影响。Testbirds 提供众包这一核心业务并从中获得附加值。因此，接受新形式的众包工作与平台运营商的商业成功密切相关。Testbirds 首席运营官 Markus Steinhauser 表示：“理想情况下，众包员工是高度参与、综合、知识渊博、善于沟通、调解和多才多艺的。”根据 Testbirds 的评估，众包员工了解《众包工作行为准则》后会非常积极地接受该准则。这种承诺可以提升 Testbirds 作为负责任雇主的声誉，从而帮助 Testbirds 获取招聘优势，并增加众包员工对 Testbirds 的忠诚度。公平的工作条件应该有助于提高众包员工的满意度，可作为绩效和最佳工作结果的激励因素和驱动因素（Testbirds，2019b）。在公司内部，该项目由营销和通信部门负责。赋予自营承包商更多的权利并公平地支付报酬可能使企业在全球竞争中处于竞争劣势，而该公司的经济成功表明这一风险目前并不存在。

（5）《众包工作行为准则》的社会影响。众包员工人数急剧上升但不享有与全职员工同等的社会保障。Testbirds 和《众包工作行为准则》签署方的承诺旨在通过数字化实现工作变革的重要核心。基于数字化的工作场所，以企业家负责的方式解决工人对高质量、公平报酬和人道工作的需求。此外，工作创造的社会联系将通过社区转移到数字世界。

它旨在帮助消除目前在众包就业关系的具体设计方面的模糊性，特别是在劳动法、企业对众包工作者的责任以及新就业形式中的社会伙伴合作方面。因此，该项目促进了政治和商业的对话，目的是影响未来的潜在立法，而不是替代目前的相关立法。这些说法是否成立，出现在众包工作者感到处境不利或受到不公平待遇的具体关键案例中。为了提供一个中立的公共联系点，2017 年 11 月成立了一个监察员办公室，负责在平台上工作时可能出现的利益冲突之间进行调解（IG Metall，2019b）。在其第一份报告中，监察员办公室自任命以来已处理了 30 起案件。在此过程中，主要寻求协商一致的解决方案（IG Metall，2019c）。这赋予了众包工作者通过中立机构解决纠纷的权力，否则这个机构就会被忽视。该项目旨在赋予"数字日工"与正式员工同等的权利。由于众包是一种全球性现象，因此产生了一个问题，即未来如何应对可能的社会风险。尽管《众包工作行为准则》和监察员办公室在国际上适用，但到目前为止，只有一家非德国公司签署了协议。因此，下一步应扩大该准则的国际影响力。

5.2.5　生态创业和社会影响：nebenan. de 和加强社区

社区网络 nebenan. de 是基于数字商业模式的社会创新的一个实例。nebenan. de 通过超本地社交网络（物理和数字融合的网络）加强邻里信任以及社会凝聚力（Good Hood，2019a）。

（1）参与项目介绍。nebenan. de 面临的社会挑战一方面在于全球社交网络和"永远在线"，另一方面在于本地关系网络的式微。然而，正是全球化引起了公众对本地稳定关系和信任的渴望。实际上，一个有效的本地关系网络可以在日常生活中为越来越多的单亲父母、单身人士和老年人提供支持。社区平台、交换聚会或脸书群组等各种数字产品都面向这些本地空间，旨在以数字方式支持和加强社区内的居民联系（Schreiber et al.，2017）。nebenan. de 于 2015 年成立于柏林，是德国的市场领导者。nebenan. de 发展迅速，目前已在德国约 25000 个社区建立了超过 130 万个活跃的本地网络（Tönnesmann，2018）。

nebenan. de 只将真实的、经过地址验证的居民以真实姓名相互联系起来，适用严格的数据保护规定，要求用户不得将任何信息或数据泄露到开放互联网上。该平台旨在成为“离线相遇”的有用在线工具。为了彼此之间保持良好的语气，该平台的“网络礼仪”要求用户“友善、诚实、乐于助人”（Good Hood，2019b）。

由于邻居无法自行选择（在现实生活中和 nebenan. de 上），因此不会像在大型社交网络中一样形成“过滤泡”和“回声室”。邻里平台旨在让新邻居第一次接触和交谈，用户彼此生活得很近且在受保护的加强社区内以真实身份进行活动，这有助于促进联合活动和项目。

（2）nebenan. de 的企业数字责任愿景。该公司的目标是为欧洲邻国建立本地社交网络。目前，nebenan. de 平台已在德国、法国、西班牙和意大利运营，创建了社会和可持续发展的地方社区（Good Hood，2019c）。nebenan. de 平台有助于减少社区的进入障碍，促进更好的邻里交流和彼此的团结，由此产生社会资本并增强社会凝聚力，解决孤独感和人口变化等重大问题。公司成立的动机源于发起人的感受：在 21 世纪，人们可以在手机上免费参加国际视频会议，却无法给近邻写封电子邮件。nebenan. de 等社区网络弥补了本地社交数字平台的缺失。

（3）合作伙伴和利益相关者。Good Hood 与数千个当地非营利组织和社区组及德国新教教会的社会福利组织 Diakonie Deutschland 等合作。组织和社区合作伙伴可以在 nebenan. de 上拥有正式的“组织简介”并可与居民沟通。合作伙伴们提供本地内容，激活邻居群体，促进公民参与并宣传平台。作为回报，合作伙伴们可获得当地影响力、知名度和新的本地关系网。除了非营利组织、当地企业、城市和社区外，私人邻居是 nebenan. de 的主要利益相关者。此外，初创企业的投资者和资本提供者也是其利益相关者。

（4）nebenan. de 的商业影响。nebenan. de 是初创企业 Good Hood 的子公司，其平台使用对个人用户免费。nebenan. de 没有选择基于共享用户数据投放广告盈利的商业模式。该平台尚未获得任何利润，但得到了用户、当地企业及市政当局的资助（Good Hood，2019d）。同时，为了扩建 nebenan. de 获得了 1600 万欧元的风险投资。与“Burda Principal Investments”和其他媒体公司一样，包括“Lakestar”在内的投资者也使用商业模式投资数据（Richters 2018）。超社会网络被认为可以通过正向网络效应形成准自然垄断（“赢家通吃”，Tönnesmann，2018）。因此，其竞争战略是迅速扩张并吸引市场参与者，目前还无法判断这种商业模式在经济上是否可持续。

（5）nebenan. de 的社会影响。nebenan. de 利用创新的数字商业模式解决社会缺陷并履行其社会责任。数字化带来使用创新数字商业模式解决社会影响和缺陷的机会。在 Good Hood 的案例中，该企业正在建立“社会资本”以促进社会创新并承担社会责任。有研究认为数字社交媒体和社区平台可以促进本地社会资本并支持网络发展（Schreiber et al.，2017）。Good Hood 是否实现了预期的社会影响尚未得到证实。这方面的指标可能是社区的巨大反应，例如，2019 年“邻居日”可能会举办 3000 个当地邂逅节，“德国邻居奖”每年收到 1000 多个项目申请（Good Hood，2019e，2019f）。nebenan. de 用户的大量定性采访也显示如何团结互助。不过该公司于 2019 年对 70 万用户进行的内部调查显示，超过 80%的用户表示与邻居关系良好；超过 75%的用户拥有社区归属感；约 90%的用户表示会向邻居伸出援助之手。代际交流也很明显：45%的用户表示通过 nebenan. de 结识了新朋友。75%的用户表示愿意帮助年长或弱势的邻居。

5.2.6 道德营销：Avocadostore 的“#NoBlackFriday”

在线零售商 Avocadostore 致力于以生态、道德和关系导向的方式将在线广告和营销策略与环境和气候保护相结合，从而在道德营销这一数字责任集群中承担责任。这家绿色在线零售商是其利基市场的领导者，也是德国最大的“生态时尚与绿色生活方式”市场（Avocadostore，2019）。

（1）参与项目介绍。在宣传活动“#NoBlackFriday”中，Avocadostore 反对所谓的“黑色星期五”特价活动，该特价活动旨在促进消费。全球消费正逐年增长，这也是由在线零售推动的。“网络购物节”促进了大量消费。2017 年，“黑色星期五”和“网络星期一”在德国产生了 17 亿欧元的销售额。而中国互联网零售商阿里巴巴在购物节开始的几分钟内就创造了超过 12. 7 亿欧元的销售额（BR24，2018；Hoffmann，2018）。

“#NoBlackFriday”的发起源于“黑色星期五”越来越多地被市场营销和商业利用的趋势。在“黑色星期五”开始前一周，商家已经开始营销造势，为消费者发放优惠福利以促进更多需求外的消费，这并不符合可持续发展的要求（Utopia，2018）。需要明确的是 Avocadostore 没有参与“黑色星期五”营销：在“2018 年黑色星期五”（2018 年 11 月 23 日）之前和当天，Avocadostore 鼓励消费者通过在线交流审视自身消费需求并放弃不必要的购买行为，这种鼓励是“#NoBlackFriday”活动的一部分，“#NoBlackFriday”的宣传口号是“廉价品无法吸引我们，我们追求的是公平交易！”（Facebook，2018）。“#NoBlackFriday”通过在脸书等各种社交媒体平台上发布的帖子进行宣传，并在线发送给了约 10 万名订阅者。因为该宣传并不想让人感到“内疚”，所以设计得很幽默。2019 年，德国和奥地利还计划在“黑色星期五”这天发起一场停止消费的运动。Avocadostore 希望通过企业数字责任措施并且自己在电子商务领域中的定位并抵制“黑色星期五”等过度营销。

（2）Avocadostore 的企业数字责任愿景。Avocadostore 希望激励其用户选择可持续生活方式。Avocadostore 平台为消费者提供对环境和社会负责的产品，产品的优惠取决于可持续生产和环保产品的特定标准（Avocadostore，2019）。因此，Avocadostore 的用户可以确信他们能够购买到比经典产品更可持续的替代品。这种可持续性定位也在传播策略中得到延续，以实现真实性和信任。这包括在社交媒体和在线营销活动中促进充分性的沟通，“#NoBlackFriday”活动就是一个例子。

（3）合作伙伴和利益相关者。Avocadostore 的目标用户群体是更有消费意识的顾客群体。他们关心如何使自身生活更可持续或“可持续消费”话题。相关利益相关者群体是 Avocadostore 的用户，特别是忠诚的“追随者”和订阅者。该项目没有其他民间社会或其他合作伙伴。

（4）Avocadostore 的商业影响。乍一看，对消费的批评及号召放弃购买似乎对在线零售商的经济目标构成风险。然而这一举措实质上与 Avocadostore 的核心业务——可持续产品贸易密切相关。该平台的目标用户是以环境和可持续性为导向的消费者，此类消费者明确意识到消费和可持续性之间的矛盾。“#NoBlackFriday”活动被认为具有非营利性质，这可以增加信誉并塑造可持续的企业形象。用户能够意识到企业增加客户忠诚度和最大化利润的战略动机，但该动机并不会产生负面影响（Gossen and Frick，2018）。

消费者对“#NoBlackFriday”活动的具体反馈证实了这一点：消费者认为该活动与他们的可持续性主张相契合，活动话题的点击率和分享率明显高于平均水平。除了声誉之外，该活动还旨在提高客户忠诚度，并提高消费者后续在 Avocadostore 平台消费的可能性。因此，以可持续发展为导向的企业可以从促进充分性的沟通和道德营销中受益，但这需要企业展示出利他动机和可信度。该声明仅适用于具有高可持续性声誉的企业（Gossen and Frick，2018）。

（5）Avocadostore 的社会影响。全球面临可持续性挑战的背景引发了打破

“消费恶性循环”的社会需求。企业还应通过在营销和广告中的批判性反思来承担社会责任。“#NoBlackFriday”活动旨在鼓励消费者对消费行为进行批判性审视。

Gossen 和 Frick（2018）关于充分促进沟通的研究表明，要求消费者正视实际需求的广告实际上促使人们更充分消费。研究者鼓励受访者“重新思考自己的消费行为，并在此基础上尽可能避免购买新产品，而是采取自己动手、购买二手货、分享或交换等方式避免冲动和不必要的消费”。

到目前为止，尚不清楚促进充分性的沟通是否也能促使并不关注可持续性的消费者群体充分消费，以及道德营销是否能够抵消消费的持续增长（Gossen and Frick，2018）。其他疑问包括：在线贸易在多大程度上可以通过减少物流或减少浪费等措施提高可持续性？在多大程度上可以增加可持续产品的范围（Gossen and Kampffmeyer，2019）？

5.2.7 数字技术的生态足迹：柯尼卡美能达和碳中和印刷

柯尼卡美能达（Konica Minolta）通过减少其自身直接和间接使用 ICT 的“生态足迹”（在数字化过程中不断增加）来履行其数字责任。

（1）参与项目介绍。在“碳中和印刷”服务中，柯尼卡美能达为欧洲的印刷服务消费者提供了抵消印刷间接产生的温室气体的机会。柯尼卡美能达确定打印机、纸张和墨粉生产、打印机运输和打印机使用过程中的碳排放水平。在消费者使用“碳中和印刷”服务的同时，柯尼卡美能达负责抵消打印机生产和运输等过程中的温室气体排放，并以此确保整个供应链和运营过程中的碳中和。

近几十年来，德国的纸张消费量稳步上升，数字化的发展也没能改变这一点（Oroverde，2019）。碳中和印刷项目无法保护所有用于制造印刷品的树木，但可以减少打印输出及打印输出的温室气体排放。

对于注册该服务的客户，柯尼卡美能达计算每台印刷机在其生命周期内的温室气体排放总量，并通过气候保护项目抵消这些排放。用户将收到一份显示已节省温室气体排放量的排放证书（Konica Minolta，2019a）。温室气体排放量被转换为二氧化碳当量，该计量单位用于标准化评估二氧化碳、甲烷或一氧化二氮等不同温室气体对气候的影响。

（2）柯尼卡美能达的企业数字责任的愿景。“2050 年生态愿景”是柯尼卡美能达在 2009 年制订的可持续未来的长期计划，该计划基于“创造新价值”的理念。柯尼卡美能达致力于可持续发展并在其2050年生态愿景中设定了“到2019年将整个产品生命周期的二氧化碳排放量减少50%，到2050年减少80%（基于2015财年）”的目标（Konica Mimolta，2018）。柯尼卡美能达首席执行官Shoei Yamana表示，柯尼卡美能达正在通过整合物联网、人工智能和机器人技术等先进数字技术积极实现这一目标。

柯尼卡美能达的战略立足于商业和社会创新，该公司通过减少空运、通过内陆水路或铁路从海港运输货物、减少集装箱数量并提高装载效率，以及产品的节能设计等方式减少碳排放。除了抵消排放外，柯尼卡美能达正在转向使用替代能源。该公司于2019年加入了“RE100”计划，该计划由多家100%依赖可再生能源并具备全球影响力的企业发起，承诺到2050年实现电力消耗100%来自可再生能源。柯尼卡美能达的可持续发展努力得到了认可，2019年该公司在世界经济论坛（WEF）年会上首次入选“2019年全球100家最具可持续性的企业”。

（3）合作伙伴和利益相关者。柯尼卡美能达与国际气候保护专家合作开展“碳中和印刷”项目以确保该计划的透明度和可靠性。与“气候合作伙伴”一起，支持加勒比阿鲁巴维德皮特的一个金标准认证的风能气候保护项目。通过利用该岛的风能资源，该项目每年减少约1.5亿千克二氧化碳当量的温室气体排放。柯尼卡美能达的关键外部利益相关者是使用其服务的消费者，关键的内部利益相关者是销售人员，他们可以通过服务为客户提供附加值。

（4）“碳中和印刷”的商业影响。“碳中和印刷”通过为用户提供附加价值来建立其对柯尼卡美能达的忠诚度。“碳中和印刷”帮助用户实现自身的环保目标、减少用户的碳足迹、展示它们对气候保护的承诺及提升自身企业形象。柯尼卡美能达通过“碳中和印刷”服务树立其负责任企业的声誉并促进盈利，因此“碳中和印刷”服务与柯尼卡美能达经济目标密切相关。

为了向用户提供激励，柯尼卡美能达承担了抵消打印机生产和运输等产生的温室气体排放的成本份额。承担这些成本的目的在于获得声誉和客户忠诚度。目前该服务已拥有来自12个国家的用户，但具体用户数量尚未披露。

（5）“碳中和印刷”的社会影响。“碳中和印刷”有助于减少数字化对气候的负面影响并为气候保护做出社会贡献。自推出该服务以来，柯尼卡美能达已抵消了超过1600万千克的二氧化碳当量，相当于从伦敦到纽约的19048趟经济航班、平均每年2288人或4970万公里的二氧化碳排放量（Konica Minmolta，2019a）。

第 6 章　争取影响力！显示有效性

本章讨论为什么需要企业数字责任的影响以及“道德剧场”对企业数字责任构成的风险，并展示如何实现数字责任的影响。基于此，本章讨论了将责任内部化到企业和组织中的五个层面。对于可持续的企业管理来说，企业数字责任的核心是面向未来的企业价值创造。企业旨在通过“商业案例”提升企业数字责任措施对企业和社会的价值。本章举例说明了如何衡量数字责任，但由于学科领域较年轻，迄今为止还没有针对企业数字责任的报告标准。

6.1　为什么需要影响力

当“变革之风”——数字化和可持续性——汇聚时，一场面向企业社会责任的“变革风暴”可能会出现。在过去几年中，人们对这两个主题的兴趣同步而显著地增加，这表明这两个主题正在趋同。

越来越多的“有责任意识的消费者”正在上网并将他们的需求转移到数字世界。这些消费者培养了一种尊重的消费方式，包括对他人、动物和环境的关注。他们正在寻求方法以做出积极的购买决策及解决全球消费的负面影响（Angus and Westbrook，2019）。调查结果显示（SAI Global，2019）：

· 60%的消费者要求承担更多的社会责任。

· 64%的消费者会为环保额外付费，减少产品的“碳足迹”。

· 65%的消费者认为数据保护是企业社会责任的重点。

· 78%的消费者表示如果数据保护得到保证，他们更有可能购买更昂贵的产品。

消费者比以往任何时候都更看重自己的“内心平静”，并将其表达为对公司的期望。在此过程中，道德数字化和可持续性的要求正在融合。在这种情况下，对数字业务实践和应用程序的信任成为越来越有价值的资产，它可以扩展和促进一套新的企业责任规则。与环境保护、气候保护和全球职业健康与安全责任等领域的管理标准类似，未来将开发数据、算法和数字商业模式领域的可持续道德行动标准。这一趋势向企业展示了如何在数字化转型中管理责任、声誉和风险。CDR 管理可以成为保护企业免受“变革风暴”影响的一种方式。

对声誉和利益相关者关系的积极影响会使企业被认为是负责任的，这种感知结构由用户与企业的大量接触和互动形成。企业社会责任和数字责任活动只是其中的一部分，因为用户感知到的责任源于整个企业而非个别活动。

然而，企业实际的数字责任努力和用户感知到的企业数字责任之间并不是简单的“因果”关系。例如，花费大量精力履行社会责任的企业并不一定会被用户认为是负责任的。另外，企业的任何不当行为都可能损害用户感知到的企业社会责任。用户的认知缺陷也会导致“消极偏见”，即不当行为的负面影响大于企业社会责任活动的积极影响。因此，企业可能会面临“洗绿”的指控。有效防止不当行为对企业的数字责任战略至关重要（Lin-Hi，2018a）。“洗绿”是指企业伪装成“环境之友”，试图掩盖自身对社会和环境的破坏，以此保全和扩大自己的市场或影响力。该术语不仅用于建议的环境友好性，还用于建议的企业责任（Lin-Hi，2018b）。

人们在数字伦理中也观察到了这种行为，并提出“道德剧场”的概念，即企业极力夸大其对道德、公平、可持续或以公共利益为导向的数字技术的兴趣，把自己表现得比实际行动更“道德”。与“洗绿”一样，“道德剧场”可能会导致企业声誉受损，并且不符合数字负责任的公司治理原则。

6.2 如何实现数字责任的影响

可持续的企业管理其首要目标是创造面向未来的企业价值并由利益相关者进行经济和社会评估。企业应优先考虑在经济、生态和社会方面最有效的措施，并战略性或变革性地履行企业数字责任（见表 6-1）。迄今为止，企业数字责任的履行是一项“风险投资”，因为其在企业价值和社会目标方面的有效性尚不明

确，相关实践经验尚不充分，且缺乏理论和科学验证。因此，建立评估及测量企业数字责任措施有效性的标准非常重要。从企业内部来看，重点是企业数字责任对企业价值的影响，可以通过衡量影响来验证企业数字责任措施的有效性。

表 6-1 企业数字责任阶段

等级	企业数字责任阶段	描述
0	否认	通过使用数字技术、收集数据和使用数字商业模式来否认或忽视非财务责任
1	被动	遵守企业注册地所在国的数据保护、消费者保护和其他法律及基本责任； 商业活动的社会影响（工作、企业宗旨等）
2	社会	通过向社区利益相关者提供资金、实物资源或服务来提升声誉（通常是为了减轻企业声誉风险）； 松散、无系统的企业数字责任措施，这些措施未融入企业核心业务； 企业数字责任是一个成本因素
3	战略	规划和管理企业数字责任措施，为社会、环境和公司做出积极的价值贡献； 将企业数字责任融入价值创造（流程、产品）和企业 DNA 中； 将企业数字责任作为竞争优势
4	变革	企业作为积极的决策者超越其直接影响范围，广泛参与改变商业环境和市场； 与关键利益相关者进行持续对话； 联合其他企业建立在数字化过程中可持续且合乎道德的行为标准，并以此进行自我约束； 将企业数字责任作为一种长远追求

资料来源：Schneider（2012）；Hansen（2010）。

6.2.1 企业数字责任的五个层面

企业面临着可信地展示其社会责任及建立“良好声誉”的整体挑战。为避免利益相关者的看法不一致，将社会和环境要求与经济目标一起纳入核心业务是必不可少的先决条件。如果没有明确的目标和支持控制，系统很容易出现故障，而失败可能会导致声誉受损。

在可信地展示企业责任和建立“良好声誉”方面，公司目前面临着整体挑战。为了避免利益相关者的看法不一致，将社会和环境要求与经济目标一起纳入核心业务是必不可少的先决条件。如果没有明确的目标和支持性控制，整个履责与运营系统很容易出现故障，且进一步可能会导致声誉受损。在企业可持续性和责任的整合过程中，学者对表明公司内部化程度不断提高的水平进行了区分

(Hansen, 2010.; Schneider, 2012)。企业数字责任表现在企业内部的不同层面。例如，各种数据丑闻表明许多数字企业仍在推行“否认”战略（Fassing, 2018）。在商业模式或流程中使用数据的传统企业也会根据“鸵鸟原则”忽视其在新市场中的非财务责任。

此外，Thorun 等（2018）指出目前数据保护和安全存在根本问题，只有少数措施超出了法定最低要求。这表明本书所研究的德国企业也仍主要采取“被动”战略，可能辅之以松散的企业数字责任措施。只有部分 ICT 企业将数字责任集群作为其既定企业社会责任战略的一部分。可使用以下分级方法评估企业数字责任水平：否认、被动、社会、战略和变革（见表 6-1）。目前仍缺乏对组织发展和企业数字责任的进一步研究。

企业数字责任通常处于上述不同阶段，并可通过转型依次进入下一个阶段。

当进入企业数字责任的战略或变革阶段时，企业才实现了超越法律层面的真正意义上的数字责任。进入战略或变革阶段的方法包括：

· 将企业数字责任作为传统管理的附加目标。

· 整合战略和企业管理中的企业数字责任。

· 将企业数字责任融入日常管理决策，即“主流化”企业文化。

· 将企业数字责任融入产品开发和创新流程。

进入企业数字责任战略或变革阶段需进行相关投资或使企业数字责任战略与企业核心业务密切关联，进而使企业数字责任战略值得信任（Suchanek, 2012）。

6.2.2 增加企业价值

已有研究确定了“可持续性商业案例”的不同价值驱动因素，如声誉和品牌价值、营业额、员工激励、获得资本或效率以及降低成本（Dörr, 2012）。问题在于如何通过企业数字责任创造企业价值。

价值创造的起点是企业数字责任的目标，企业数字责任可以带来关键业务价值驱动因素。例如，“通过数字化抓住可持续发展的商机”主要旨在通过降低成本增加销售额、新市场或利润（见表 6-2）。企业数字责任的目标和业务价值驱动因素的关系尚处于理论研究阶段，目前尚不清楚该因果关系能否在实践中得到证实。绩效管理的任务是通过可持续发展平衡计分卡等工具确定上述关系，并确定企业数字责任目标或特定数字责任集群的企业价值驱动因素（Dörr, 2012）。

目前尚未找到评估企业数字责任的标准。企业数字责任将改变企业在声誉或企业价值方面的评估，2018 年的全球企业社会责任报告指出，谷歌获得高企业社会责任评分的结果与媒体对谷歌的批评性评价不符。媒体指责谷歌未经授权使用语音助手等方式收集数据，数据保护主义者正在对此采取法律行动（Hurtz，2019；Mumme，2019）。

表 6-2　企业数字责任和企业价值

企业数字责任的目标	关键企业价值驱动因素
通过数字化抓住可持续发展的商机	通过数字服务或商业模式获得盈利 进入新市场 降低效率和成本（如通过数字技术和能源节约资源）
通过数字道德行动加强品牌和声誉	声誉和品牌价值 员工激励与人才吸引 获得资本投入
考虑数字技术的物质基础	降低效率和成本（如通过数字技术和能源节约资源） 风险治理

6.2.3　衡量数字责任

通过考虑数字化的“副作用”并将其转化为负责任的企业行动，企业可以为缓解“副作用”做出系统性贡献并履行对数字化社会的责任。但仅沟通和活动是不够的。必须证明道德和可持续性方面的社会影响。表 6-3 列出了 15 个数字责任集群中每个集群的社会影响和衡量影响的潜在指标。目前的可持续性或企业社会责任报告中尚未包含类似指标，其有效性尚待评估。在创业自由的范围内，企业可以决定争取并展示这些社会影响。

表 6-3　数字责任集群的社会影响和指标（示例、自身代表）

数字责任集群	社会影响	指标（示例）
数字成熟度	在消费者、公民和客户间建立数字素养（技术素养、隐私素养、信息素养、社会素养、公民素养）	培养公民数字素养的项目（数量） 项目的参与者（人数）
数字多样性	能够积极促进数字世界群体的多样性增加	数字化的服务群体范围（数量） 无障碍数字服务的份额（%）
重塑尊重	获取数字技术和数据的价值创造的“公平份额”	税收牺牲（欧元） 投资企业数字责任措施（欧元）

续表

数字责任集群	社会影响	指标（示例）
开放共享	加强服务、商品和数据的“共享”	共享使用的产品（数量） 积极分享的人（数量）
驯服人工智能	人工智能有限且受控的自动化决策	错误的人工智能决策（数量） 对人工智能决策的上诉（数量）
数字可持续性	使社会可持续获取和使用内部数字知识	在公共领域许可下发布数据（CCO 1.0）（字节） 开源软件的发展（小时）
工作场所的转型	在基于数字的工作场所提供雇主福利并保护个人权利	根据公平最低标准雇用的众包工作者（人数） （个体经营者）工作场所的公平感知（量表）
数字世界中的个人保护	注重用户的个人保护和人格尊严	用户个人评分结果更正（数量） 侵犯个人权利的投诉（数量）
数据授权	加强数字消费者保护，将数据控制移交给用户	用户直接控制下的使用数据（可立即提取和删除）（字节）
人性化设计	在社交网络上促进积极的人际互动和沟通以及民主	感知社会凝聚力（比例）
生态创业与社会影响	支持具有社会或可持续商业目的的数字企业，例如社会企业或绿色创业企业	投资社会企业或绿色创业企业（欧元）
可持续发展目标的技术部署	利用数据和数字技术支持实现 17 项可持续发展目标或 169 项目标中的单个和多个目标	1553 指标 SDG 目标
道德营销	避免消费增长，支持“有意识消费”，延长产品使用时间	延长产品使用（年） 有意识消费的用户（数量）
零浪费	在生产和使用商品时，尽量减少初级资源的消耗，将“废物”用作资源，并避免产生新的废物	避免浪费（吨）
数字技术的生态足迹	使用信息通信技术减少资源、能源消耗和温室气体排放，延长硬件使用寿命	硬件的平均使用寿命（年） 温室气体排放量（吨/二氧化碳）

6.2.4 迄今为止尚无标准的企业数字责任报告

企业数字责任项目、措施和成功案例可以作为企业社会责任或可持续性沟通和报告的一部分来呈现。如本书第 4.2.1 节所述，现有企业社会责任工具的责任方面，如人权、利益相关者参与、劳工权利、环境、经济方面、透明度、地方发

展和科学技术等基本上适合解决数字责任，它们为提出企业数字责任承诺提供了足够的空间。

企业不能依赖企业数字责任报告并将其作为企业数字责任指南。迄今为止，报告尚未提及数字责任集群的目标、指标或度量标准。企业社会责任报告目前适用于“全球报告倡议”的报告标准，适用于“可持续发展目标指南”的 1500 多项指标，也适用于“IRIS 指标目录”［全球报告倡议，2019a，2019b（客户数据保护除外）；SDG Compass，2019；2019 年全球影响力投资网络］。其中，全球影响力投资是一种针对投资的社会、环境和财务绩效的“影响会计系统”，与 50 个标准制定组织（如 OECD、温室气体议定书、国际劳工组织或世界卫生组织）以及可持续发展目标保持一致。其中也没有提及数字责任的相关主题。

报告侧重可持续发展目标，尚未包括数字化的影响（参见本书第 1.4.7 节），为数字道德和可持续性制定标准是未来的任务。

6.3　如何实现企业数字化转型的可持续性

数字化和可持续性绝不是不相容的。尽管数字化具有极大的可持续性潜力，但当今的数字化转型主要遵循纯粹的经济原则而非可持续性理念。相反，数字化在气候变化和资源消耗等生态方面及民主、个人保护和人类尊严等社会方面产生了额外的可持续性挑战。这些挑战被描述为“副作用”（参见本书第 2.2 节）。

如今，大多数企业和经济正在经历数字化转型。数字未来的可持续性理念以及对社会和人民的责任将带来创业机会。关于“副作用”，有必要确定与创业相关的企业数字责任集群并将其整合到创业行动中。这意味着在数字化的未来中增加企业价值，并为人类、社会和地球带来新的价值。一些先驱者已经开始着手，如何履行职责的实际例子已在前文概述（参见本书第 5.2 节）。

本书所介绍的各种 CDR 实施方法有助于企业进入企业数字责任这一尚年轻的领域，进行自身定位并为企业制定具体措施，且为本书提供了进行实际工作所需的工作材料和清单。企业数字责任实施的六个步骤旨在提醒我们企业数字责任是一个实验领域，关键是在企业社会责任领域建立一种“数字思维”并进行反复尝试。目前，企业数字责任在实践中和理论上都没有得到充分的研究，仍有待新的研究。

让数字化展现其全球可持续性潜力需要科学、商业和社会的多重互动。负责任的企业家、领导者、管理者作为可持续数字世界的“变革者”具有突出的重要性，本书旨在支持他们的实践。

参考文献*

[1] Acatech (2018) Smart service welt 2018. Wo stehen wir? Wohin gehen wir? https://www.acatech.de/wp-content/uploads/2018/06/SSW_2018.pdf. Accessed 8 Jun 2019.

[2] Accenture (2014) Circular advantage. Innovative business models and technologies to create value in a world without limits to growth. https://www.accenture.com/t20150523T053139_w_/usen/_acnmedia/Accenture/Conversion-Assets/DotCom/Documents/Global/PDF/Strategy_6/Accenture-Circular-Advantage-Innovative-Business-Models-Technologies-Value-Growth.pdf. Accessed 28 Jun 2019.

[3] Bria F, Gascó M, Baeck P, Halpin H, Almirall E, Kresin F (2015) Growing a digital social innovation ecosystem for Europe. DSI final report. Publications Office of the European Union, Luxembourg. https://ec.europa.eu/futurium/en/system/files/ged/50-nesta-dsireport-growing_a_digital_social_innovation_ecosystem_for_europe.pdf. Accessed 8 Jun 2019.

[4] Bundesministerium für Arbeit und Soziales (2011) Die DIN ISO 26000 "Leitfaden zur gesellschaftlichen Verantwortung von Organisationen" -Ein Überblick. https://www.bmas.de/SharedDocs/Downloads/DE/PDF-Publikationen/a395-csr-din-26000.pdf? —blob1/4publicationFile. Accessed 6 Jul 2019.

[5] Bundesministerium für Justiz und Verbraucherschutz (2018) Corporate digital responsibilityinitiative: Digitalisierung verantwortungsvoll gestalten Eine gemeinsame Plattform. https://www.bmjv.de/SharedDocs/Downloads/DE/News/Artikel/100818_CDR-Initiative.pdf? __blob1/4publicationFile&v1/43. Accessed 1 Feb 2019.

[6] Bundesverband digitale Wirtschaft (2019) Mensch, Moral, Maschine. Dig-

* 延伸阅读材料详见 www.E-mp.com.cn.

itale Ethik, Algorithmen und künstliche Intelligenz. https: //www. bvdw. org/fileadmin/bvdw/upload/dokumente/BVDW_Digitale_Ethik. pdf. Accessed 8 Jun 2019.

[7] Christl W, Spiekermann S (2016) Networks of control. Facultas, Wien. https: //crackedlabs. org/en/networksofcontrol. Accessed 9 Feb 2019.

[8] de Langhe B, Puntoni S, Larrick R (2017) Linear thinking in a nonlinear world. Harv Bus Rev, May-June 2017 Issue. https: //hbr. org/2017/05/linear-thinking-in-a-nonlinear-world. Accessed 13 Jul 2019.

[9] Deloitte (2018) Europäische Kommission: Kommissionsvorschlag zur Besteuerung der digitalen Wirtschaft. Internationales Steuerrecht vom 22. 03. 2018. https: //www. deloitte-tax-news. de/steuern/internationales-steuerrecht/europaeische-kommission-kommissionsvorschlag-zurbesteuerung-der-digitalen-wirtschaft. html. Accessed 8 Jun 2019.

[10] Desai MA, Dharmapala D (2006) Corporate social responsibility and taxation: the missing link. https: //static1. squarespace. com/static/5723a035356fb098e46ccab0/t/573a359f22482e2875dbb266/1463432607494/Corporate + Social + Responsibility+and+Taxation-+The+Missing+Link. pdf. Accessed 8 Jun 2019.

[11] Deutsche Telekom (2019) Digitale Verantwortung. https: //www. telekom. com/de/konzern/digitaleverantwortung. Accessed 24 Aug 2019.

[12] Dufva T, Dufva M (2019) Grasping the future of the digital society. Futures 107: 17-28. https: //doi. org/10. 1016/j. futures. 2018. 11. 001.

[13] Dörr S (2019) 15 x Corporate Digital Responsibility: Die Handlungsfelder auf einen Blick. CSR Magazin, p. 33.

[14] Fairness, Accountability, and Transparency in Machine Learning (2019) Principles for accountable algorithms and a social impact statement for algorithms. https: //www. fatml. org/resources/principles-for-accountable-algorithms. Accessed 20 Feb 2019.

[15] Fertlik M (2013) The rich see a different internet than the poor. Scientific American vom 01. 02. 2013. https: //www. scientificamerican. com/article/rich-see-different-internet-than-thepoor. Accessed 8 Jun 2019.

[16] Fleisch E, Weinberger M, Wortmann F (2014) Geschäftsmodelle im Internet der Dinge. Bosch IT Lab White Paper. http: //www. iot-lab. ch/wp-content/up-

loads/2014/09/GM-im-IOT_ Bosch-Lab-White-Paper. pdf. Accessed 22 Feb 2019.

[17] Geissdörfer M, Bocken NMP, Hultink EJ (2016) Design thinking to enhance the sustainable business modelling process-a workshop based on a value mapping process. J Clean Prod 135: 1218-1232. https: //www. sciencedirect. com/science/article/pii/S0959652616309088. Accessed 20 Jul 2019.

[18] Global e - Sustainability Initiative (2009) SMART 2020 Addendum Deutschland: Die IKT-Industrieals treibende Kraft auf dem Weg zu nachhaltigem Klimaschutz. https: //www. telekom. com/resource/blob/314946/845c540d99f81aceab95a67521188193/dl-smart-2020-data. pdf. Accessed 8 Jun 2019.

[19] Global e-Sustainability Initiative (2016) System transformation. Summary report. https: //gesi. org/report/detail/system-transformation. Accessed 15 Jun 2018.

[20] Global Intelligence for the CIO (2017) The rise of corporate digital responsibility. https: //www. icio. com/management/best-practice/item/the-rise-of-corporate-digital-responsibility. Accessed 24 Jan 2019.

[21] Gossen M, Frick V (2018) Brauchst du das wirklich? Wahrnehmung und Wirkung suffizienzfördernder Unternehmenskommunikation. Umweltpsychologie 22: 11-32. https: //www. researchgate. net/publication/332151940 _ Brauchst _ du _ das _ wirklich_ Wahrnehmung_ und_ Wirkung_ suffizienzfordernder_ Unternehmenskommunikation_ auf_ die_ Konsummotivation. Accessed 20 Jul 2018.

[22] Grimm P (2018) Digitale Ethik-Reflexion über Grundwerte und ethisches Handeln. Bundeszentrale für politische Bildung vom 17. 04. 2018. http: //www. bpb. de/lernen/digitalebildung/medienpaedagogik/268087/digitale-ethik-reflexion-ueber-grundwerte-und-ethischeshandeln. Accessed 13 Sep 2019.

[23] Grösser S (2018) Geschäftsmodell. Revision vom 14. 02. 2018. In: Wirtschaftslexikon G (ed) Das Wissen der Experten. Springer Gabler, Wiesbaden. https: //wirtschaftslexikon. gabler. de/definition/geschaeftsmodell - 52275/version - 275417. Accessed 13 Jul 2019.

[24] GründerinitiativeStartUp4Climate (2015) Sustainable business canvas. https: //start-green. net/media/cms_ page_ media/2016/6/29/Sustainable%20Business%20Canvas_ A0. pdf. Accessed 20 Jul 2019.

[25] Hamidian K, Kraijo C (2017) DigITalisierung-Status quo. In: Keuper

K, Hamidian K, Verwaayen E, Kalinowski T, Kraijo C (eds) Digitalisierung und Innovation. Planung-Entstehung-Entwicklungsperspektiven. Springer Gabler, Wiesbaden, pp 5-21.

[26] Hansen EG (2010) Responsible leadership systems. An empirical analysis of integrating corporate responsibility into leadership systems. Gabler, Wiesbaden Malteser (2019) Teilen statt Kaufen: sharing economy. https://www.malteser.de/aware/hilfreich/sharing-economy-wie-die-wirtschaft-des-teilens-funktioniert.html. Accessed 8 Jun 2019.

[27] Hansen EG (2010) Responsible leadership systems. An empirical analysis of integrating corporate responsibility into leadership systems. Gabler, Wiesbaden.

[28] Hess T (2016) Digitalisierung. Enzyklopädie der Wirtschaftsinformatik. http://www.enzyklopaedie-der-wirtschaftsinformatik.de/lexikon/technologien-methoden/Informatik%2D%2DGrundlagen/digitalisierung. Accessed 24 Jan 2019.

[29] Hockerts K (2001) Corporate sustainability management-towards controlling corporate ecological and social sustainability. Proceedings of greening of industry network conference, pp 21-24. http://www.academia.edu/2837301/Corporate_Sustainability_Management_Towards_Control ling_Corporate_Ecological_and_Social_Sustainability. Accessed 9 Feb 2019.

[30] Hoffmann HC (2019) KI und Moral. Eine Grundlagendebatte. Algorithmenethik vom 17.04.2019. https://algorithmenethik.de/2019/04/17/ki-und-moral-eine-grundlagendebatte/. Accessed 14 Sep 2019.

[31] Kenney M, Zysman J (2016) The rise of the platform economy. Issues in science and technology 32, Nr. 3. http://issues.org/32-3/the-rise-of-the-platform-economy/. Accessed 8 Jun 2019.

[32] Kiron D, Unruh G (2018) The convergence of digitalization and sustainability. MIT Sloan Manage Rev. https://sloanreview.mit.edu/article/the-convergence-of-digitalization-and-sustainability/amp. Accessed 15 Mar 2019.

[33] Kleene M, Wöltje G (2009) Grün schlau sexy. TellusBooks, Hamburg. http://www.woeltje.eu/assets/Uploads/130319-GruenSchlauSexy-1.pdf. Accessed 1 Aug 2019.

[34] Krüger T (2017) Digitale Teilhabe als Voraussetzung für soziale Teil-

habe. Keynote zum DIVSIBucerius Forum in Hamburg am 11. 05. 2017. http: //www. bpb. de/presse/248495/digitaleteilhabe-als-voraussetzung-fuer-soziale-teilhabe-hamburg-11-mai-2017. Accessed 8 Jun 2019.

[35] Kuhlen R (2002) Napsterisierung und Venterisierung: Bausteine zu einer politischen Ökonomie des Wissens. Prokla Zeitschrift für kritische Sozialwissenschaft 126: 57 - 88. http: //www. prokla. de/index. php/PROKLA/article/view/713/679. Accessed 8 Jun 2019.

[36] Lange S, Santarius T (2020) Smart green world? -making digitalization work for sustainability. Routledge. Lobo S (2012) Die gröβte digitale Lüge. Spiegel Online vom 13. 03. 2012. https: //www. spiegel. de/netzwelt/web/die-grosse-agb-luege-im-internet-a-820864. html. Accessed 1 Aug 2019.

[37] Luki e. V. (2019) Digitale Nachhaltigkeit. https: //digitale - nachhaltigkeit. net/. Accessed 8 Jun 2019. Stiftung Neue Verantwortung (2019) Digitalisierung braucht Zivilgesellschaft. https: //www. stiftung-nv. de/de/publikation/digitalisierung-braucht-zivilgesellschaft. Accessed 9 Feb 2019.

[38] Meier C (2017) Wir schaden uns, wenn wir Technologie dämonisieren. Welt vom 14. 08. 2017. https: //www. welt. de/kultur/article167658045/Wir - schaden - uns-wenn-wir-Technologiedaemonisieren. html. Accessed 19 Jan 2018.

[39] Sarkar A (2016) We live in a VUCA world: the importance of responsible leadership. Dev Learn Organ Int J30: 9-12. https: //www. researchgate. net/publication/303317070_ We_ live_ in_ a_ VUCA_ World_ the_ importance_ of_ responsible_ leadership. Accessed 13 Jul 2019.

[40] Schaub H (2005) Störungen und Fehler beim Denken und Problemlösen. In: Funke J (ed) Denken und Problemlösen. Enzyklopädie der Psychologie, Göttingen, pp 447 - 482. https: //www. psychologie. uni - heidelberg. de/ae/allg/enzykl_ denken/Enz_09_ Schaub. pdf. Accessed 26 Jul 2019.

[41] Schmidt H (2018) Groβunternehmen profitieren am stärksten von Digitalisierung. https: //www. netzoekonom. de/2018/05/08/grossunternehmen - profitieren - am-staerksten-von-digitalisierung/. Accessed 24 Jan 2019.

[42] Schneider A (2012) Reifegradmodell CSR eine Begriffserklärung und abgrenzung. In: Schneider A, Schmidtpeter R (eds) Corporate social responsibility. Ve-

rantwortungsvolle Unternehmensführung in Theorie und Praxis. Springer Gabler, Heidelberg, pp 17–38.

[43] Schneider A (2012) Reifegradmodell CSR–eine Begriffserklärung und–abgrenzung. In: Schneider A, Schmidtpeter R (eds) Corporate Social Responsibility. Verantwortungsvolle Unternehmensführung in Theorie und Praxis. Springer Gabler, Heidelberg, pp. 17–38.

[44] Schreiber F, Becker A, Göppert H, Schnur O (2017) Digital vernetzt und lokal verbunden? –Nachbarschaftsplattformen als Potenziale für sozialen Zusammenhalt und Engagement. Forum Wohnen und Stadtentwicklung 4: 211 – 216. https: //www. vhw. de/fileadmin/user_ upload/08_ publikationen/verbandszeitschrift/FWS/2017/4_2017/FWS_4_17_Digital_ vernetzt_ und_ lokal_ verbunden_ F. _Schreiber_ et_ al. pdf. Accessed 1 Aug 2019.

[45] Smart – Data – Begleitforschung (2018) Corporate digital responsibility. Fachgruppe Wirtschaftliche Potenziale und gesellschaftliche Akzeptanz. https: //www. digitale–technologien. de/DT/Redaktion/DE/Downloads/Publikation/2018_02_smartdata_ corporate_ digital_ responsibility. pdf? _ _ blob1/4publicationFile&v1/48. Accessed 15 Jun 2018.

[46] Suchanek A (2012) Vertrauen als Grundlage nachhaltiger unternehmerischer Wertschöpfung. In: Schneider A, Schmidtpeter R (eds) Corporate social responsibility. Verantwortungsvolle Unternehmensführung in Theorie und praxis. Springer Gabler, Heidelberg, pp. 55–66.

[47] Suchanek A, Lin – Hi N, Günther E (2018) Selbstverpflichtungen. Revision vom 19. 02. 2018. In: Wirtschaftslexikon G (ed) Das Wissen der Experten. Springer Gabler, Wiesbaden. https: //wirtschaftslexikon. gabler. de/definition/sel bstverpflichtungen–46564/version–269842. Accessed 13 Jul 2019.

[48] Sustain Ability (2014) Model behavior. 20 Business model innovations for sustainability. http: //sustainability. com/our–work/reports/model–behavior/. Accessed 13 Jul 2019.

[49] Sühlmann – Faul F, Rammler S (2018) Der blinde Fleck der Digitalisierung. Oekom, München United Nations Secretary–General (2018) Secretary–General's remarks at closing of High–Level Political Forum on Sustainable Development[as

delivered] . 18. 07. 2019. https: //www. un. org/sg/en/content/sg/statement/2018 - 07-18/secretary-generals-remarks-closing-high-level-politicalforum. Accessed 13 Jul 2019.

[50] The Marketing Journal (2017) "The platform revolution" -an interview with geoffrey parker and marshall van alstyne. http: //www. marketingjournal. org/the-platform-revolution-an-interviewwith-geoffrey-parker-and-marshall-van-alstyne/. Accessed 8 Feb 2019.

[51] Theuws M, van Huijstee M (2013) Corporate responsibility instruments. A comparison of the OECD guidelines, ISO 26000 und the UN global compact. https: //www. somo. nl/wp-content/uploads/2013/12/Corporate-Responsibility-Instruments. pdf. Accessed 8 Jun 2019.

[52] Thorun C, Kettner SE, Johannes Merck J (2018) Ethik in der Digitalisierung. Der Bedarf für eine Corporate Digital Responsibility. WISO direkt. Friedrich-Ebert-Stiftung, Bonn. http: //library. fes. de/pdf-files/wiso/14691. pdf. Accessed 24 Jan 2019.

[53] Thorun C, Kettner SE, Merck J (2018) Ethik in der Digitalisierung. Der Bedarf für eine corporate digital responsibility. WISO direkt. Friedrich-Ebert-Stiftung, Bonn. http: //library. fes. de/pdffiles/wiso/14691. pdf. Accessed 24 Jan 2019.

[54] Tiemann I, Fichter K (2016) Developing business models with the Sustainable Business Canvas. University of Oldenburg. https: //www. borderstep. de/wp-content/uploads/2016/10/Tiemann-Fichter-Workshopkonzept-EN-RZ2. pdf. Accessed 02 Apr 2021.

[55] United Nations (2016) The promotion, protection and enjoyment of human rights on the Internet. Human Rights Council. General assembly of 30. 06. 2016. https: //www. article19. org/data/files/Internet _ Statement _ Adopted. pdf. Accessed 6 Jul 2019.

[56] Versammlung Eines Ehrbaren Kaufmanns (2019) Vision und mission. https: //veek-hamburg. de/wp-content/uploads/2011/09/Vision-Mission_ VEEK_ Din-lang_6-Seiten_final. pdf. Accessed 14 Jun 2019.

[57] Wagner FW (2017) Steuervermeidung und gesellschaftliche Verantwortung von Unternehmen. Eberhard-Karls-Universität, Tübingen und Universität Wien. ht-

tps: //www. ifu. ruhr-uni-bochum. de/mam/content/pdf/folien/9_11_17_folien_wagner. pdf. Accessed 8 Jul 2019.

[58] Wertelabor (2019) Ethics Inside. Digitale Produkte und Service wertesensibel gestalten. https: //wertelabor. de. Accessed 8 Jun 2019.

[59] Wissenschaftlicher Beirat der Bundesregierung Globale Umweltveränderungen WBGU (2019) Towards our common digital future. https: //www. wbgu. de/en/publications/publication/towards-our-common-digital-future. Accessed 21 Apr 2021.

[60] Wissenschaftlicher Beirat der Bundesregierung Globale Umweltveränderungen WBGU (2019) Unsere gemeinsame digitale Zukunft. Zusammenfassung. Berlin, WBGU. https: //www. wbgu. de/fileadmin/user_upload/wbgu/publikationen/hauptgutachten/hg2019/pdf/WBGU_HGD2019_Z. pdf. Accessed 3 May 2019.